झारखण्ड : एक ऐतिहासिक परिचय

डॉ. तनुजा कुमारी

क्रम-सूची

झारखण्ड :एक ऐतिहासिक परिचय

डॉ॰ तनुजा कुमारी

असिस्टेंट प्रोफेसर एवं भूतपूर्व विभागाध्यक्ष इतिहास विभाग

बी. बी. एम. के. यू . धनबाद ,झारखण्ड

झारखंड लोक सेवा आयोग की परीक्षा में झारखंड पुलिस सेवा में पुलिस उपाधीक्षक के पद पर चयनित

बी.ए.इतिहास [प्रतिष्ठा]विश्वविद्यालय गोलड मेडलिस्ट

एम.ए. इतिहास विश्वविद्यालय गोलड मेडलिस्ट

नेट,पीएचडी

लेखकीय

जोहार !

प्रस्तुत पुस्तक' झारखण्ड एक ऐतिहासिक परिचय', झारखण्ड राज्य के स्नातक व स्नातकोत्तर कक्षा में अध्ययनरत छात्रों एवं झारखण्ड राज्य में आयोजित किये जाने वाले विभिन्न प्रतियोगी परीक्षाओं में सम्मिलित होने वाले अभ्यर्थियों के लिये एक मील का पत्थर साबित होगा, इसकी में आशा करती हूँ। इस पुस्तक में महत्वपूर्ण स्मरणीय तथ्यों को इस प्रकार से संग्रहित किया गया है कि प्रतियोगी परीक्षाओं में यह सफलता का मार्ग प्रशस्त कर सके। इस पुस्तक की भाषा सरल ,सहज और सुबोध है, जो छात्रों के लिये लाभदायक होगी ,ऐसा मेरा विश्वास है।

महान ग्रीक समीक्षक ,Cassius Longinus का यह कथन है कि कोई भी रचनात्मक कृति वास्तव में सम्पूर्ण नहीं होती है, उसमें सुधार की संभावनाएं विधमान रहती है। इस कथन के अलोक में मैं यह आशा करती हूँ कि इस पुस्तक में भी कमियाँ रह गयी होंगी। मैं अपने सभी पाठकों से यह निवेदन करती हूँ कि वे अपने बहुमूल्य एवं रचनात्मक सुझावों से भविष्य में इस पुस्तक को और अधिक सारगर्भित बनाने में मेरी सहायता करेंगे।

डॉ तनुजा कुमारी

प्रस्तावना

प्रस्तुत पुस्तक "झारखण्ड :एक ऐतिहासिक परिचय", झारखण्ड के इतिहास के विषय में जानकारी के लिए एक उपलब्धि होगी। प्रस्तुत पुस्तक झारखण्ड राज्य के स्नातक व स्नातकोत्तर कक्षा में अध्ययनरत छात्रों एवं झारखण्ड राज्य में आयोजित किये जाने वाले विभिन्न प्रतियोगी परीक्षाओं में सम्मिलित होने वाले अभ्यर्थियों के लिये काफी लाभदायक साबित होगी। पुस्तक में झारखण्ड राज्य के नामकरण के विषय में विस्तार से वर्णन किया गया है। इस पुस्तक में झारखण्ड की सामाजिक ,भौगोलिक,सांस्कृतिक विशेषताओं और झारखण्ड के ऐतिहासिक स्रोतों पर विस्तृत चर्चा की गई है। साथ ही वैदिक काल और धातु युग में झारखण्ड की क्या स्थिति थी इसका भी उल्लेख किया गया है। डॉ तनुजा कुमारी ने अपने शिक्षा प्राप्त करने के क्रम में बी.ए.इतिहास [प्रतिष्ठा] और एम.ए. इतिहास दोनों ही परीक्षाओं में प्रथम श्रेणी में प्रथम स्थान प्राप्त कर विश्वविद्यालय के द्वारा स्वर्ण पदक से सम्मानित हुई है। इनका इस पुस्तक के लिखने का प्रयास सराहनीय है। इन्होनें ,अपनी प्रतिभा का प्रदर्शन झारखण्ड लोक सेवा आयोग की परीक्षा में भी दिया है, जहाँ अंतिम रूप से इनका चयन झारखण्ड पुलिस सेवा में पुलिस उपाधीक्षक के पद पर हुआ था। मेरी हार्दिक शुभकामना है कि डॉ तनुजा कुमारी अपने लेखन की इस प्रवृति की निरंतरता को कायम रखते हुए लेखन के क्षेत्र में भी नये कृतिमान स्थापित करें।

डॉ.रीता वर्मा, भूतपूर्व केन्द्रीय राज्य मंत्री, भारत सरकारभूतपूर्व विभागाध्यक्ष, इतिहास विभाग, एस.एस. एल. एन. टी. महिला महाविद्यालय, धनबाद

भूमिका

झारखण्ड के इतिहास की जानकारी प्राचीन सांस्कृतिक एवं साहित्यिक स्रोतों,विदेशी यात्रियों के वर्णन और मध्यकालीन फारसी इतिहास के ग्रंथों में भी मिलती है।झारखण्ड प्रदेश में जंगल और झाड़ की अधिकता के कारण इस क्षेत्र का नामकरण झारखण्ड के रूप में हुआ है।झारखण्ड दो शब्दों में विभक्त है,पहला शब्द है झाड़ दूसरा शब्द है खंड। झाड़ का तात्पर्य झाड़ी या वन से है,वही खंड का तात्पर्य टुकड़े से है। इस प्रकार झारखण्ड शब्द का अर्थ हुआ वन प्रदेश।

झारखण्ड प्रदेश इतिहासकारों एवम् पुरातत्व विशेषज्ञयों के लिए एक महत्वपूर्ण अध्ययन का क्षेत्र रहा है । झारखण्ड प्रदेश के ऐतिहासिक अवलोकन से यह स्पष्ट जानकारी मिलती है कि इस प्रदेश में कई प्रजातियां निवास करती थी । झारखण्ड के प्रारंभिक इतिहास के अध्ययन के लिए पारंपरिक वंशावली, अनुश्रुतियां एवं लोक कथाएं महत्वपूर्ण रहे हैं, जिनके माध्यम से झारखण्ड प्रदेश की जनजातीय परंपराएं, रीति-रिवाज, गोत्र-व्यवस्था के संदर्भ में महत्वपूर्ण जानकारी उपलब्ध होती है । झारखण्ड प्रदेश के प्रागैतिहासिक काल से इस बात की जानकारी मिलती है कि झारखण्ड घनघोर महावनों से आच्छादित एक प्रदेश रहा था ।

भारतीय इतिहास के संदर्भ में इतिहासकारों के द्वारा विभिन्न ऐतिहासिक स्रोतों से प्राप्त जानकारी के आधार पर भारत के इतिहास का सृजन किया गया है । इसी प्रकार से झारखण्ड के इतिहास एवं उसके कालक्रम के संदर्भ में इतिहासकारों के द्वारा विभिन्न ऐतिहासिक स्रोतों का अध्ययन किया गया है। यहाँ इस बात से इंकार नहीं किया जा सकता है कि भारतीय इतिहास लेखन की तुलना में झारखण्ड के इतिहास लेखन में क्रमबद्धता एवं गवेषणात्मकता का अभाव रहा है,जिसके परिणामस्वरूप झारखण्ड के ऐतिहासिक विवरण पर प्रतिकूल प्रभाव दिखाई देता है,यद्यपि झारखण्ड के इतिहास के संदर्भ में इतिहासकारों के समक्ष अनेक स्रोत उपलब्ध है ।

वैदिक काल भारतीय इतिहास में विशिष्ट स्थान रखता है। झारखण्ड के इतिहास के सन्दर्भ में भी तथा झारखण्ड प्राचीन समय में किस स्थिति में रहा था, यहां कौन सी सभ्यता एवं संस्कृति विधमान रही थी ,इसकी महत्वपूर्ण जानकारी वैदिक काल के अध्ययन से प्राप्त होती है।झारखण्ड प्रदेश का ऋगवैदिक काल में क्या स्थिति रही थी ,जब इसका अध्ययन किया जाता है तो यह जानकारी मिलती

हैं कि झारखण्ड प्रदेश ऋग वैदिक काल में पूरी तरह से वनों से आच्छादित था तथा इसे किक्कट प्रदेश के नाम से जाना जाता था। झारखण्ड प्रदेश के ऐतिहासिक कालक्रम के अध्ययन से यह जानकारी मिलती है कि ऋग वैदिक काल में कुछ प्रागद्रविड़ जनजातियों का इस प्रदेश में निवास स्थान रहा था।

विश्व इतिहास और भारत के इतिहास में धातु युग के विकास का इतिहास मिलता है।झारखण्ड का धातु युग भी झारखण्ड के इतिहास में महत्वपूर्ण स्थान रखता है।झारखण्ड के इतिहास में धातु युग से ताम्र, कांस्य और लोह युग के सन्दर्भ में जानकारी मिलती है।झारखण्ड के धातु युग से इस बात की जानकारी मिलती है कि झारखण्ड न सिर्फ भारत में बल्कि विश्व में भी धातु के प्रयोग में प्राचीन समय में महत्वपूर्ण स्थान रखता था।

1

झारखण्ड का नामकरण

झारखंड के इतिहास की जानकारी प्राचीन सांस्कृतिक एवं साहित्यिक स्रोतों,विदेशी यात्रियों के वर्णन और मध्यकालीन फारसी इतिहास के ग्रंथों में भी मिलती है।झारखंड प्रदेश में जंगल और झाड़ की अधिकता के कारण इस क्षेत्र का नामकरण झारखंड के रूप में हुआ है।झारखंड दो शब्दों में विभक्त है,पहला शब्द है झाड़ दूसरा शब्द है खंड। झाड़ का तात्पर्य झाड़ी या वन से है,वही खंड का तात्पर्य टुकड़े से है। इस प्रकार झारखंड शब्द का अर्थ हुआ वन प्रदेश। प्रागैतिहासिक काल से झारखंड घनघोर महावनों से आच्छादित रहा था। प्राचीन समय में झारखंड में वृक्षों की सघनता ऐसी थी की धरती पर 6 मीटर से अधिक दूरी पर कुछ भी नहीं दिखाई देता था। संभवतः यह स्थिति आज से लगभग बीस हजार वर्ष पूर्व की रही होगी । इस संदर्भ में कबीर दास के पद झारखंड में आए विराजे का उल्लेख किया जा सकता हैं। झारखंड प्रदेश की पहाड़ी प्रकृति और जंगल,झाड़ की अधिकता के सम्बन्ध में प्रसिद्ध सूफी कवि मलिक मोहम्मद जायसी के पद्मावत से भी जानकारी मिलती है,जहां उन्होंने लिखा है कि झारखंड में बांय पहारा ।प्रसिद्ध यूनानी लेखक प्लिनी ने अपनी पुस्तक हिस्ट्री नेचूरल्स में पाटलिबोथ्रिस, जिसे हम पाटलिपुत्र के नाम से जानते हैं, के सुदूर दक्षिण में मोनेडेस और सुआरी नाम से परिचित निवासियों की रहने की बात कही है।चीनी यात्री ह्वेनसांग ,के द्वारा भी ''कि-लो-ना-सु-फा-ला-ना' ,कहकर छोटा नागपुर प्रदेश का वर्णन किया गया है,जिसका उल्लेख टी. वाटर्स की पुस्तक, "ह्वेनसांग ट्रैवल्स" में मिलता है । फाहियान ,ने झारखंड को कुक्कुट-लाड कह कर संबोधित किया है,जिसका उल्लेख, जे .टॉमस की पुस्तक ''द पिलग्रिमेज ऑफ फाह्यान" में मिलता है।

महाभारत के ''दिग्विजय पर्व ''में झारखंड का उल्लेख मिलता है,जहां इस क्षेत्र को पुंडरिक देश ,कह कर वर्णन किया गया है ।कुछ विद्वानों का विचार है कि महाभारत में वर्णित पशुभूमि का तात्पर्य झारखंड से ही है। झारखंड के प्राचीन इतिहास के अध्ययन के क्रम में यह स्पष्ट हो जाता है कि जिस प्रकार भारतीय इतिहास के संदर्भ में विभिन्न साक्ष्य और स्रोत उपलब्ध है,उसकी तुलना में झारखंड के प्राचीन इतिहास के अध्ययन के लिए प्रचुर अध्ययन सामग्री उपलब्ध नहीं है ,और यही कारण है कि झारखंड के जनजातियों से संबंधित संपूर्ण इतिहास की जानकारी उपलब्ध नहीं है । झारखंड ,अपनी विशिष्ट सांस्कृतिक और सामाजिक व्यवस्था के कारण भारतीय इतिहास के मुख्य धारा से अलग-थलग रहा है । भारतीय इतिहास के स्रोतों के अध्ययन के समय इस बात की जानकारी प्राप्त होती है कि, झारखंड के बारे में भी इसमें जानकारी दी गई है और यह जानकारी सभ्यता के अवशेष के रूप में उपलब्ध है । झारखंड की संस्कृति की एक प्रमुख विशेषता यह है कि झारखंड अपने सामाजिक और सांस्कृतिक व्यवस्था की विशेषताओं के कारण भारतीय संस्कृति की मुख्य धारा से अलग रहा है, लेकिन अपने निरन्तर संघर्ष से झारखंड की सभ्यता और संस्कृति ने न सिर्फ अपना स्थान भारतीय इतिहास में सुनिश्चित कर लिया बल्कि जनजाति समूह के महत्व और विशेषताओं को देखते हुए केंद्र सरकार के द्वारा झारखंड राज्य का गठन भी किया गया।

झारखंड छोटानागपुर के रूप में प्राचीन समय से अस्तित्व में रहा है । झारखंड की धरती पर जनजाति सघन रुप से निवास करते हैं और जनजातियों का प्रचार-प्रसार यहाँ हुआ है । जब झारखंड में जनजातियों का प्रादुर्भाव सैकड़ों वर्ष पहले हुआ होगा तो यह पूरा इलाका जंगलों से आच्छादित रहा होगा । प्राचीन समय में झारखंड प्रदेश की पहचान जंगल झाड़ से आच्छादित प्रदेश के रूप में रही है । इस क्षेत्र के पश्चिमोत्तर क्षेत्र से मुंडा जाति ने यहां सबसे पहले प्रवेश किया था,जिसका प्रमाण उन कब्रिस्तानो से प्राप्त होता है ,जिसे सासिंदरी कहा जाता है ,और जहां मृतकों को दफनाया जाता था । इन कब्रिस्तानो से उन क्षेत्रों के संदर्भ में जानकारी प्राप्त होती है,जहां से होकर मुंडा जनजाति झारखंड क्षेत्र में पहुंचे थे । मुंडा जाति के प्रवेश के कुछ समय अंतराल के बाद उरांव जनजाति का झारखंड क्षेत्र में प्रवेश हुआ था,जिन्होंने घने जंगलों को काट कर खेती लायक भूमि का निर्माण किया और अपने निवास स्थान के लिए गावों को बसाया था । जंगलों में जाकर इन लोगों ने वनों की कटाई कर कृषि योग्य भूमि का निर्माण किया और जमीन के मालिक बन गए और अपने आप को खुट्टीकटीदार ,कह कर संबोधित किया । जमीन के

मालिक होने के कारण उनके द्वारा किसी भी प्राधिकार को लगान का भुगतान नहीं किया जाता था । इतिहासकारों का अनुमान है कि ऐसी ऐतिहासिक घटना मुगल काल के प्रारंभ से काफी पहले लगभग 10 वीं शताब्दी की रही होगी।

मुगल सम्राट अकबर के दरबारी इतिहासकार, अबुल फजल की पुस्तक अकबरनामा और ''आईन -ए -अकबरी'' में झारखंड प्रदेश का उल्लेख मिलता है,जहां इस क्षेत्र को कोकरा तथा खंकारह नाम से संबोधित किया गया है । झारखंड क्षेत्र का उल्लेख हमें जहांगीर की आत्मकथा ''तुजुक-ए-जहांगीरी'' में भी मिलता है, जहां इस क्षेत्र को खोखरा नाम से संबोधित किया गया है । शाहनवाज ख़ां और अब्दुल हई के द्वारा इस क्षेत्र को ''माथिर-उल-उमरा'' में कोकराह कह कर उल्लेख किया गया है । ब्रिटिश शासन काल में 1765 से 1834 ई. तक इस क्षेत्र को नागपुर और छोटानागपुर के नाम से संबोधित किया गया है । ब्रिटिश शासन काल में 1834 ई. में साउथ-वेस्ट -फ्रंटियर-एजेंसी की स्थापना की गई थी ,तथा इसका मुख्यालय विलकिनसनगंज अथवा किसनपुर को बनाया गया था जो कालांतर में रांची के नाम से प्रसिद्ध हुआ । झारखंड क्षेत्र को ऐतरेय ब्राह्मण में पुंड्र,वायु पुराण में मुरंड,विष्णु पुराण में मुंड,भगवत पुराण में कीकट प्रदेश नाम से उल्लेखित किया गया है । महाभारत कल में किक्कट प्रदेश का उल्लेख ऋग्वेद में मिलता है जो गिरिडीह जिले में पारसनाथ की पहाड़ियों में स्थित है । अमरनाथ दास ने अपनी पुस्तक ''इंडिया एंड जम्बू आईलैंड ''में गौतम बुद्ध तथा महावीर के साथ झारखंड के संबंध को स्थापित करने का प्रयास किया है । वास्तव में झारखंड प्रदेश एक जनजाति बहुल क्षेत्र रहा है,जहां खड़िया,बिरहोर,असुर,मुंडा, उरांव,हो,कोरवा,संथाल जनजातियो का निवास स्थान रहा है।

झारखंड शब्द के प्रयोग का साक्ष्य , तेरहवीं शताब्दी के एक ताम्रपत्र से मिलता है,जहां इस क्षेत्र के जनजातीय क्षेत्रों के लिए झारखंड शब्द का प्रयोग किया गया है। झारखंड के इतिहास में छोटानागपुर क्षेत्र के लिए नागवंश,पलामू क्षेत्र के लिए रक्सेल तथा सिंहभूम क्षेत्र के लिए सिंहवंश जैसे राजवंशों के संदर्भ में जानकारी मिलती है। झारखंड के इतिहास के संदर्भ में एक महत्वपूर्ण तथ्य यह है कि प्राचीन काल से ही यहां इंडो-आर्यन,नीग्रिटो,प्रोटो- ऑस्ट्रेलॉयड जैसी प्रजातियों का निवास स्थान रहा था, जिसके पारस्परिक संगम से एक संस्कृति का उदय इस क्षेत्र में देखने को मिलता है तथा इन विभिन्न प्रजातियों की संस्कृति, भाषा का प्रभाव झारखंड के प्राचीन मूल निवासियों में भी दिखाई देता है। शरत चंद्र राय ने यह स्पष्ट किया है कि झारखंड के अनेक स्थानों के नाम के साथ भूम प्रत्यय का प्रयोग देखने में मिलता है,जैसे मानभूम, सिंहभूम,मल्लभूम,भंजभूम,धालभूम इत्यादि

।कृष्ण राजगुप्त के द्वारा भूम शब्द का संबंध पहाड़ी संस्कृति से माना गया है ।

झारखंड के इतिहास के संदर्भ में शरत चंद्र राय का यह विचार है कि झारखंड क्षेत्र में 600 ई .पू.मुंडाओं ने कदम रखा था, उस समय यहां असुरों का वर्चस्व था । भारतीय पुरातत्व में असुर शब्द का प्रयोग झारखंड के गुमला,रांची और लोहरदगा जिलों के कई स्थलों की ऐतिहासिक पहचान के लिए किया गया है । वर्तमान समय में भी लोहरदगा, चैनपुर आदि इलाकों में असुर नाम की जनजाति निवास कर रही है । मुंडाओं और असुरों के संघर्ष में असुरों को हार का सामना करना पड़ा था, जिसके पश्चात इस क्षेत्र में मुंडाओं का प्रभुत्व कायम हो गया तथा पहली शताब्दी तक मुंडाओ ने सूतियांबे को अपनी राजधानी बनाया था,जिसे आज पिठोरिया रांची के नाम से जाना जाता हैं । मदरा मुंडा ,मुंडाओं के पहड़ा राजा थे। बिहार डिस्ट्रिक्ट गजेटेरियर हजारीबाग के अध्याय चार के पृष्ठ संख्या 65 में झारखंड को मानववीहिन भूभाग के रूप में वर्णित किया गया है।

झारखण्ड का नामकरण--महत्वपूर्ण स्मरणीय तथ्य

❧ ❧

झारखंड प्रदेश का उल्लेख अब्दुल की माथिर -उल -उमरा मे मिलता है।

❧ ❧

डाल्टन की पुस्तक एथ्नोलॉजी ऑफ़ बंगाल में झारखंड के जनजातियों के कृषक जीवन का उल्लेख है।

❧ ❧

हंटर की पुस्तक A Statistical Account of Bengal में ग्रामीण झारखंड का वर्णन है।

❧ ❧

हंटर की पुस्तक The Annals of Rural Bengal में ग्रामीण झारखंड का उल्लेख है।

❧ ❧

मनु संहिता के एक श्लोक में झारखंड का उल्लेख मिलता है।

❧ ❧

कीकाटानाम देशो अनार्य संबोधन से झारखंड का वर्णन ऋग्वेद में किया गया है।

❧ ❧

झारखंड प्रदेश के लिए नागभूम शब्द का प्रयोग G. Das की पुस्तक रसिक मंगल में छोटानागपुर के लिए किया गया है।

❖ ❖

अर्थववेद में झारखंड के लिए व्रात्य संबोधन का प्रयोग किया गया है।

❖ ❖

असुर शब्द से वैदिक साहित्य में झारखंड की जनजातियों का परिचय दिया गया है।

❖ ❖

झारखंड प्रदेश का उल्लेख मिर्जा नाथन की रचना बहारिस्तान-ए- गैबो में भी मिलता है।

❖ ❖

हंटर की पुस्तक ए स्टैटिस्कल एकाउंट ऑफ़ बंगाल [1877]में उल्लेख है कि शब्द मानभूम आदिमजाति माले पर रखा गया है।

❖ ❖

ऋग्वेद से यह जानकारी मिलती है कि असुर लिंगपूजक थे।

❖ ❖

झारखंड प्रदेश के लिए खोखरा शब्द का प्रयोग तुजुक-ए-जहाँगीरी में किया गया है।

❖ ❖

झारखंड प्रदेश के लिए कुकुट शब्द का प्रयोग कौटिल्य के अर्थशास्त्र में किया गया है।

❖ ❖

झारखंड प्रदेश के लिए पुण्ड्र शब्द का प्रयोग ऐतरेय ब्राह्मण में किया गया है।

❖ ❖

मुग़ल काल में छोटा नागपुर को कुकरा कहा गया है, तथा इसका वास्तविक क्षेत्र रांची जिले का क्षेत्र था।

❖ ❖

झारखंड प्रदेश के लिए मुण्डल शब्द का प्रयोग टॉलमी के द्वारा किया गया है।

❖ ❖

झारखंड प्रदेश के लिए मुरण्ड शब्द का प्रयोग वायु पुराण में किया गया है।

❖ ❖

झारखंड प्रदेश के लिए मुण्ड शब्द का प्रयोग विष्णु पुराण में किया गया है।

❖ ❖

झारखंड राज्य के लोहरदगा जिला को जैन साहित्य में लोहारगंज कहा गया है।

❖❖

झारखंड प्रदेश के लिए कुक्कुट लाड शब्द का प्रयोग ,फह्यान के द्वारा किया गया है।

❖❖

झारखंड प्रदेश के लिए किक्कट प्रदेश शब्द का प्रयोग भगवत पुराण में किया गया है।

❖❖

झारखंड के डालटेनगंज जिले का नाम बिजराबाग था।

❖❖

कर्नल डाल्टन जो छोटा नागपुर के प्रथम कमिश्नर थे के नाम पर बिजराबाग का नाम डाल्टेनगंज कर दिया गया था।

❖❖

झारखंड प्रदेश के लिए छोटानागपुर शब्द का प्रयोग ईस्ट इंडिया कंपनी के द्वारा किया गया था।

❖❖

झारखंड प्रदेश के अंतर्गत बनारस से लेकर वीरभूम तक के संपूर्ण पठारी क्षेत्र को प्रसिद्ध इतिहासकार बुकानन ने शामिल किया है।

❖❖

13 वीं सदी के ताम्रपत्र से झारखंड शब्द के संदर्भ में सर्वप्रथम पुरातात्विक प्रमाण प्राप्त हुआ है।

❖❖

झारखंड प्रदेश के लिए पुण्डरीक नाम का उल्लेख महाभारत के दिग्विजय पर्व में किया गया है।

❖❖

झारखंड प्रदेश के लिए मुरुण्ड शब्द का प्रयोग समुद्रगुप्त के प्रयाग प्रशस्ति में किया गया है।

❖❖

झारखंड प्रदेश के लिए झारखंड शब्द का प्रयोग तारीख-ए-बंग्ला में किया गया है।

❖❖

ऋग्वेद में झारखंड के निवासियों को अनार्य कहा गया है।

❖❖

ऋग्वेद के अनुसार प्राचीन झारखंड के निवासी खेती नहीं कर पशु चराने का कार्य करते थे।

❖ ❖

संथाल परगना क्षेत्र का उल्लेख ऐतरेय ब्राह्मण में सूर्य देश के नाम से बिहार गैज़ेटियर में मिलता है।

❖ ❖

कौटिल्य के अर्थशास्त्र के अनुसार कुकुट देश में गणतंत्रात्मक शासन प्रणाली स्थापित थी।

❖ ❖

झारखंड का छोटानागपुर प्रदेश को पहले चुटिया नागपुर कहा जाता था।

❖ ❖

इतिहासकार जे.एच.हेविट के द्वारा चुटिया नागपुर शब्द का प्रयोग किया गया है।

❖ ❖

वर्तमान समय में प्रचलित झारखंड नाम छोटानागपुर संथाल परगना का पर्यायवाची शब्द है।

❖ ❖

झारखंड में सबसे पहले राज्य निर्माण का कार्य मुंडाओं के द्वारा प्रारंभ किया गया था।

❖ ❖

झारखंड में राज्य निर्माण की प्रक्रिया प्रारंभ करने वाला प्रथम व्यक्ति रिसा मुंडा था।

❖ ❖

रिसा मुंडा ने सुतिया पाहन को मुंडाओं का शासक चुना था।

❖ ❖

झारखंड प्रदेश के लिए झारखंड शब्द का प्रयोग मलिक मुहम्मद जायसी के ग्रंथ पद्मावत में किया गया है।

❖ ❖

झारखंड प्रदेश के लिए खुखरा और कुकरा शब्द का प्रयोग मुगल शासन में किया गया था।

❖ ❖

झारखंड प्रदेश का उल्लेख नरसिंह देव द्वितीय के ताम्रपत्र में पहली बार मिलता है।

❖ ❖

झारखंड प्रदेश में चेरो जनजाति के होने का उल्लेख हमें ऐतरेय ब्राह्मण ग्रंथ में मिलता है।

❖ ❖

मुंडारी भाषा में लोहरदगा का अर्थ नदी के किनारे बसे गांव से होता है।

❖ ❖

झारखंड प्रदेश के छोटानागपुर क्षेत्र के लिए कर्ण- सुवर्ण शब्द का प्रयोग किया गया है।

❖ ❖

दक्षिण पश्चिमी फ्रंटियर एजेंसी का मुख्यालय किसुनपुर में 1833 में स्थापित किया गया था।

❖ ❖

वर्तमान समय में किसुनपुर को रांची नाम से जाना जाता है।

❖ ❖

झारखंड प्रदेश के लिए पशुभूमि शब्द का प्रयोग महाभारत में किया गया है।

❖ ❖

झारखंड प्रदेश के राजमहल क्षेत्र को ह्वेन्सांग के द्वारा कि-चिंग- काई-लॉ कहकर संबोधित किया गया है।

❖ ❖

झारखंड प्रदेश का शासन महाभारत काल में वृहद्रथ सम्राट जरासंघ के अधीन था।

❖ ❖

झारखंड प्रदेश के लिए झारखंड शब्द का प्रयोग गुलाम हुसैन की तारीख-ए-फिरोजशाही में किया गया है।

❖ ❖

झारखंड प्रदेश के लिए अटावी शब्द का प्रयोग अशोक के 13वें शिलालेख में किया गया है।

❖ ❖

झारखंड प्रदेश के लिए की-लो-ना-सु-फा-ला-ना शब्द का प्रयोग ह्वेनसांग के द्वारा किया गया है।

❧❧

झारखंड प्रदेश के लिए झारखंड शब्द का प्रयोग जहाँगीर की आत्मकथा,सियार-उल-मुतखरीन में किया गया है।

❧❧

झारखंड प्रदेश के पहाड़ी क्षेत्र के लिए ह्वेनसांग के द्वारा दामिन-ए- कोह शब्द का प्रयोग किया गया है।

❧❧

संथाल परगना के लिए प्राचीन काल में क्रमशः नरीखंड और कांकजोल शब्द का प्रयोग किया गया है।

❧❧

झारखंड प्रदेश के लिए कोकरा और खंकराह शब्द का प्रयोग आईन -ए -अकबरी में किया गया है।

❧❧

झारखंड प्रदेश को जनजातियों की बहुलता के कारण कर्कखंड के नाम से पुकारा जाता है।

❧❧

झारखंड प्रदेश के लिए कलिंद देश नाम का प्रयोग मध्यकालीन संस्कृत साहित्य में किया गया है।

❧❧

झारखंड प्रदेश के लिए झारखंड का उल्लेख कबीरदास के दोहे में मिलता है।

❧❧

सारंडा सबसे बड़ा वन रहा था।

❧❧

अफीफ की शम्स-ए-सिराज में झारखण्ड का वर्णन है।

❧❧

मुस्लिम इतिहासकारों ने पलामू को पलाउन और पालून कहा है।

❧❧

एफ.जे.हैन ने पलामू को एक द्राविड़ शब्द बताया है।

❧❧

माथिर-उल-उमरा में पलामू को पलाउन कहा गया है।

❧❧

रियाज़-उल-सलातीन में पलामू को पलावोन कहा गया है।

❖❖

महाराज शिताब राय के नागपुर के खराज के लिए पालून शब्द का प्रयोग किया गया है।

❖❖

मार्कण्डेय पुराण में भारत के पूर्वी राज्य और जातियों के लिए मानवधर्तिका का उल्लेख है।

❖❖

महाभारत के विष्णु पर्व में मानवर्तिका या मानवधर्तिका के लिए मान-वर्जिका शब्द का प्रयोग हुआ है।

❖❖

एफ ई पारजिटर के द्वारा मानधर्तिका को मानभूम से जोड़ा गया है।

❖❖

मेगास्थनीज की पुस्तक इंडिका का अंग्रेजी भाषा में अनुवाद जॉन वॉटसन मैकक्रिंडल के द्वारा किया गया है तथा आधुनिक अनुवाद फ्रेग्मेंट के द्वारा किया गया है ।

❖❖

फ्रेग्मेंट ने कहा है कि खरसांवा के लिए करतसिना नाम का प्रयोग टॉलमी के द्वारा किया गया है।

❖❖

मेगास्थनीज़ ने किंचुग क्षेत्र की एक जनजाति के लिए मोदो - गेब्रोगोई के नाम का प्रयोग किया है।

❖❖

रेवरेन्ड ई.एच.हिटली के द्वारा नागपुरिया पर नोट्स ऑन नागपुरिया पुस्तक लिखी गई है।

❖❖

वायद का अर्थ होता है तीसरे श्रेणी की धान की भूमि।

❖❖

एंग्लो इंडियन व्यवसायी मैक्लुस्की के नाम पर मैक्लुस्कीगंज का नाम रखा गया था।

❖❖

जे.हॉफमैन एन्साक्लोपीडिया मुंडारिका के लेखक है।

❖❖

1834 ई. से पहले हजारीबाग जिला का नाम रामगढ़ था।

❖ ❖

दामिन-ए-कोह का अर्थ होता है पहाड़ी अंचल।

❖ ❖

हंटर की पुस्तक The Annals of Rural Bengal में ग्रामीण झारखंड का उल्लेख है।

❖ ❖

असुर झारखंड की सबसे प्राचीनतम जनजाति है।

❖ ❖

कैमूर की पहाड़ियों से बिरजिया,बिरहोर,खड़िया जनजाति ने छोटा नागपुर में प्रवेश किया था।

❖ ❖

हजारीबाग शहर में पहले हज़ारी नाम का एक गाँव था जहाँ एक विशाल बगीचा था।

❖ ❖

झारखंड का उल्लेख करनेवाले अब्दुल लतीफ़ एक ईरानी यात्री थे।

❖ ❖

झारखंड का वर्णन करने वाले मुल्ला बहबहानी एक ईरानी धर्म आचार्य थे ,वह 1807 ई. में पटना आया था ।

❖ ❖

ऐतरेय ब्राहण में सिंहभूम के खबर जनजाति का उल्लेख मिलता है।

❖ ❖

टाटा नगर स्टेशन का पुराना नाम काली माटी स्टेशन था।

❖ ❖

बैधनाथ धाम का पुराना नाम बैजनाथ मठ था।

❖ ❖

बोकारो शहर का पुराना नाम माराफारी था।

❖ ❖

मयूराक्षी का पहले नाम मोरखी था।

❖ ❖

राँची पहाड़ी का पहले नाम फाँसी टुंगरी था यहाँ पहले फाँसी दी जाती थी।

❖ ❖

राँची झील का पहले नाम साहेब बांध था।

❖❖

दुमका में स्थित मलूटी का पहले नाम गुप्त काशी था।

❖❖

श्री रामरेखा पर्वत का पहले नाम प्रवर्षणगिरि था।

❖❖

झारखंड कला संगम का पहले नाम नागपुरी कला संगम था।

❖❖

साउथ-वेस्ट-फ्रंटियर-एजेंसी का मुख्यालय विलकिशनगंज या किशुनपुर था जिसे आज राँची कहा जाता है।

❖❖

ब्रिटिश राज में 1905 ई. तक झारखंड का क्षेत्र बंगाल प्रेसीडेंसी के अन्तर्गत आता था।

❖❖

बिशप हीबर के यात्रा वृतांत Narrative of a Journey Through the Upper Provinces of India में छोटानागपुर और राजमहल का उल्लेख है।

❖❖

नरसिंह देव द्वितीय के ताम्रपत्र में झारखंड का उल्लेख है।

❖❖

कैप्टेन टैनर के सर्वेक्षण के आधार पर 1832 में दामिन-ऐ-कोह की स्थापना हुई थी।

❖❖

बुकानन ने बनारस से लेकर बीरभूम तक के पठारी क्षेत्र का उल्लेख झारखंड के रूप में किया है।

❖❖

झारखंड महाभारत काल में सम्राट जरासंघ के अधिकार में था।

❖❖

ए रिवाईज्ड वर्शन ऑफ़ ऑसमेल; पुस्तक संत मार्क द्वारा लिखी गई है,जिसमें छोटानागपुर का वर्णन है।

❖❖

नोट्स ऑन नागपुरिया; पुस्तक के लेखक रेवरेन्ड. ई.एच.हिटली है।

❖❖

ऑसमेल का नागपुरिया में अनुवाद रेवेन्ड.पी .इडनोज ने किया है।

❧ ❧

प्लिनी ने झारखंड क्षेत्र का वर्णन करते समय पाटलिपुत्र को पाटलिब्रोथिस कहा है।

❧ ❧

छोटानागपुर को पूर्व मध्यकालीन संस्कृत साहित्य में कलिन्द देश कहा गया है।

❧ ❧

अबुल फजल की पुस्तक अकबरनामा का अनुवाद वेवरिज ने किया था।

❧ ❧

1802 ई.तक राँची जिला के क्षेत्र को छोटानागपुर या नागपुर कहा जाता था।

❧ ❧

1872 ई.के पश्चात सम्पूर्ण छोटानागपुर क्षेत्र के लिये छोटानागपुर नाम का प्रयोग होने लगा था।

❧ ❧

आर्कियोलॉजिकल सर्वे ऑफ़ इंडिया;जे.डी.बेगलर की कृति है।

❧ ❧

अबुल फजल के आईन-ए-अकबरी में उल्लेख है कि हज़ारीबाग के दो परगना छय-चंपा बिहार राज्य में शामिल थे।

❧ ❧

अकबर का सेनापति मानसिंह ,जब मिदनापुर जाने के क्रम में मानभूम से गुजरा था,तो उसके द्वारा तेलकुप्पी के मंदिरो का जीर्णोद्धार किया गया था।

❧ ❧

1585 ई. में कुकरा पर अकबर का अधिपत्य स्थापित हो गया था।

❧ ❧

टॉलमी ने कुकरा में स्थित एडमास नदी का उल्लेख किया है जिसमें हीरे पाये जाते थे।

❧ ❧

जे.डब्ल्यू.मक्रिडल ने अपनी पुस्तक ;एन्सिएंट इंडिया; में एडमास्क नदी को शंख नदी कहा है।

❧ ❧

कौटिल्य के अर्थशास्त्र में इन्द्रवानक नाम के स्थान में हीरे मिलने का उल्लेख है।

❖ ❖

वाचस्पति गेरोला ने अर्थशास्त्र का हिन्दी में अनुवाद करते समय इन्द्रवानक को राँची का इत्र नदी कहा है।

❖ ❖

कुकरा में हीरा मिलने का उल्लेख वर्नियर और टेवर्नियर ने किया है।

❖ ❖

कुकरा पर विजय के लिये इब्राहिम खाँ को जहाँगीर ने फतेह-जंग की उपाधि दी थी।

❖ ❖

मेजर एड्म्स की सेना 1763 ई. में छोटानागपुर से गुजरी थी।

❖ ❖

बंगाल इंजिनियर्स के डूग्लोंस 1766 ई. में विभिन्न घाटियों से गुजरने वाले मार्गों का पता लगाने के लिये छोटानागपुर आये थे।

❖ ❖

खानदेश का राजा आदिल शाह द्वितीय ने अपनी सेना को झारखंड भेजा था, यही कारण है कि उसे झारखण्डी सुल्तान कहा गया है।

❖ ❖

कवि रमाकान्त की रचना ;धर्म मंगल; में झारखंड का वर्णन है।

❖ ❖

एपोस्टल्स झारखंड की ईसाई मिशनरी की एक पत्रिका का नाम है।

❖ ❖

झारखंड के छोटानागपुर के निवासियों के लिये टॉलमी ने सुत्रराइ और मुडाला नाम का प्रयोग किया है।

❖ ❖

राँची जिला के क्षेत्र को 1802 ई० तक छोटानागपुर और नागपुर कहा जाता था।

❖ ❖

कर्कखण्ड नागों के अधिपत्य की भूमि थी।

❖ ❖

कर्कखण्ड को बाद में कुकरा कहा गया है।

❖ ❖

1890 ई. के सेटेलमेंट रिपोर्ट में डी॰ एच॰ संडर ने पलामू शब्द का संबंध पलाना या पाली जाति से बताया है।

❧ ❧

मू का तात्पर्य सदानी में मरने से है।

❧ ❧

डी॰ एच॰ संडर ने पलामू का अर्थ आश्रय स्थल लगाया है।

❧ ❧

1834 ई. में हजारीबाग मुख्यालय बना उससे पहले इसका नाम रामगढ़ था।

❧ ❧

दुमका ग्राम में सैनिकों के द्वारा संथाल हुल के समय शरण लिया गया था।

❧ ❧

बिहार डिस्ट्रिक्ट गजेटेरियर ,हजारीबाग के अध्याय चार के पृष्ठ संख्या 65 ,में झारखंड को मानववीहिन भूभाग के रूप में वर्णित किया गया है।

❧ ❧

कीकट वास्तव में मगध साम्राज्य का दक्षिणी भाग था।

❧ ❧

सर्वानंद पाठक की रचना विष्णुपुराण का भारत में झारखंड क्षेत्र का वर्णन कीकट नाम से है।

❧ ❧

कनिंघम की पुस्तक एन्सिएंट ज्योग्रफी ऑफ़ इंडिया में झारखंड का वर्णन कर्ण सुवर्ण के नाम से है।

❧ ❧

चैतन्य महाप्रभु के एक श्लोक में झारखंड का वर्णन झारखंड विधियते लिखकर किया गया है।

❧ ❧

चैतन्य महाप्रभु के श्लोक में इस बात का वर्णन है कि झारखंड में निवास करने वाले लोग धातु के वर्तन का प्रयोग पानी पीने के लिये,शाल के पत्तो का प्रयोग भोजन करने के लिये और खजूर की चटाई का प्रयोग सोने के लिये करते थे।

❧ ❧

रोहतास पर शेरशाह का अधिकार कायम होने के बाद उरांव जनजाति का आगमन छोटानागपुर में होता है,तथा दक्षिणी कोयल नदी का बेसिन क्षेत्र इनका निवास स्थान बन गया।

❖❖

1765 ई० में राजा शाह आलम II ने बंगाल,बिहार और उड़ीसा की दीवानी ईस्ट इंडिया कम्पनी को दे दी और इसी के साथ पहली बार झारखंड क्षेत्र में अंग्रेजों का प्रवेश हुआ था।

❖❖

1769ई० में छोटानागपुर क्षेत्र में प्रवेश करने वाले प्रथम अंग्रेज अधिकारी का नाम कैप्टन जैकब कैमेक था।

❖❖

1780 ई० में ब्रिटिश सैनिक के अधीन पूरा छोटानागपुर का क्षेत्र आ गया था जो रामगढ़ के कलक्टर के अधिकार में था तथा जिसका मुख्यालय शेरघाटी था।

❖❖

1833 ई० में शेरघाटी से मुख्यालय को लोहरदगा स्थान्तरित किया गया था।

❖❖

1843ई० में मुख्यालय को लोहरदगा से किसुनपुर स्थान्तरित किया गया जिसे आज राँची कहा जाता है।

❖❖

1769ई० में कैप्टन जैकव कैमेक के आगमन के बाद छोटानागपुर क्षेत्र में भूमि का निजीकरण तेजी से होने लगा।

❖❖

1920 ई० में टाना भगत आंदोलन बंद हो गया और इसके समर्थक गाँधी जी के समर्थकों के साथ सम्मलित हो गये।

❖❖

1385 ई० में सर्वप्रथम मुग़लों ने झारखंड क्षेत्र पर आक्रमण किया था।

❖❖

1616 ई० में झारखंड क्षेत्र में नागवंशी राजा दुर्जन साल का शासन था ,मुगलों ने पुनः आक्रमण किया था।

❖❖

डॉ.कानूनगो ,की पुस्तक ''हिस्ट्री ऑफ़ बंगाल ''में इस बात का उल्लेख है कि बख्तियार खिलजी झारखंड से होकर बंगाल में दाखिल हुआ था।

❖❖

राजमहल का नामकरण मध्यकाल में हुआ है।

❖❖

डॉ. तनुजा कुमारी

देवघर का नामकरण बाबा बैजनाथ पर हुआ है।

2

झारखण्ड की सामाजिक, भौगोलिक एवं सांस्कृतिक परिदृश्य

झारखंड प्रदेश इतिहासकारों एवम् पुरातत्व विशेषज्ञयों के लिए एक महत्वपूर्ण अध्ययन का क्षेत्र रहा है । झारखंड प्रदेश के ऐतिहासिक अवलोकन से यह स्पष्ट जानकारी मिलती है कि इस प्रदेश में कई प्रजातियां निवास करती थी । झारखंड के प्रारंभिक इतिहास के अध्ययन के लिए पारंपरिक वंशावली, अनुश्रुतियां एवं लोक कथाएं महत्वपूर्ण रहे हैं, जिनके माध्यम से झारखंड प्रदेश की जनजातीय परंपराएं, रीति-रिवाज, गोत्र-व्यवस्था के संदर्भ में महत्वपूर्ण जानकारी उपलब्ध होती है । झारखंड प्रदेश के प्रागैतिहासिक काल से इस बात की जानकारी मिलती है कि झारखंड घनघोर महावनों से आच्छादित एक प्रदेश रहा था ।

यद्यपि झारखंड प्रदेश वनों से आच्छादित था लेकिन अनंत काल से इस प्रदेश का संबंध भारत के अन्य राज्यों से रहा था । इस प्रदेश का सांस्कृतिक और जातीय संबंध भारतवर्ष के अन्य प्रदेशों से रहा था । झारखण्ड के प्राचीन एतिहासिक परिपेक्ष्य में यहां के शासकों के सम्बन्ध में इस बात की जानकारी मिलती है कि यहां कांकजोल शासकों, नागवंशियों, सिंहों, रक्सेलों, तथा चेरो के छोटे-छोटे स्वतंत्र राज्य का अस्तित्व विधमान रहा था । झारखंड के संदर्भ में पुरातत्व विशेषज्ञों के द्वारा अपने अध्ययन के आधार पर स्पष्ट किया है कि झारखंड प्रदेश में निवास करने वाले लोगों के लिए यहां स्थाई रूप से निवास करने की परंपरा रही थी । कुछ

इतिहासकारों का यह मत है कि जिस समय सिंधु घाटी में कांस्यकालीन संस्कृति का विकास हो रहा था ,उसी समय झारखंड में भी नवपाषाण संस्कृति का विकास हुआ था ।

झारखंड प्रदेश के पृथक ऐतिहासिक अस्तित्व के संदर्भ में इतिहासकारो का यह दृष्टिकोण रहा है कि झारखंड का राजनीतिक अस्तित्व लगभग 600 ई.पू. से ही है । इस समय मुंडाओ का प्रवेश झारखंड में हुआ था तथा मुंडाओं के शासक मदरा मुंडा के द्वारा यहां शासन स्थापित किया गया था,जिसके पश्चात नागवंशी फणीमुकुट राय को उत्तराधिकारी नियुक्त किया गया था ।12वीं सदी में दक्षिणी उड़ीसा के राजा नरसिंह देव द्वारा खुद को झारखंड का राजा घोषित किया गया था,इसका उल्लेख नरसिंह देव द्वितीय के स्तंभ अभिलेख से प्राप्त होता है । मध्यकाल में चैतन्य महाप्रभु ने इस भूभाग का उल्लेख झारखंड के रूप में किया है।

झारखंड एक पृथक प्रदेश के रूप में मुग़ल काल में भी अस्तित्व में रहा था । मुगल काल में झारखंड प्रदेश को खुखरा कहा जाता था ।1585 ई. में मुगल शासक अकबर के द्वारा खुखरा को अपना कर दाता प्रदेश बनाया गया था । इस बात के ऐतिहासिक साक्ष्य उपलब्ध है कि अकबर की मृत्यु के बाद खुखरा प्रदेश फिर से स्वतंत्र हो गया था । 1616 ई.में जहांगीर के शासनकाल में बिहार के राज्यपाल इब्राहीम खान फतेह द्वारा यहां के राजा दुर्जनशाल को गिरफ्तार कर इस प्रदेश को मुगलों के अधीन कर दिया गया था ।1707 ई. में औरंगजेब की मृत्यु के बाद ,खुखरा प्रदेश फिर से स्वतंत्र हो गया था। 1724 ई.में बिहार के तत्कालीन गवर्नर शरबुलंद खान द्वारा एक बार फिर से झारखंड को अधीनस्थ बनाया गया था ।

झारखंड प्रदेश के भौगोलिक सीमा की चर्चा करें तो अबुल फजल के आईन - ए -अकबरी में वीरभूम और पंचेत से लेकर मध्य भारत के रतनपुर तक तथा दक्षिण बिहार में रोहतास गढ़ से लेकर उड़ीसा की सीमा तक के भूभाग को जंगली इलाका या झारखंड के नाम से वर्णन किया गया है । बिहार राज्य के सिंहभूम क्षेत्र से प्राप्त ताम्र पत्र अभिलेखों से इस बात की जानकारी प्राप्त होती है कि ,विक्रमादित्य तथा उसके पिता प्रचंडादित्य ने अधिकांश बिहार पर अपना प्रभाव स्थापित कर 'महाराजाधिराज' की उपाधि धारण की थी । बगहा ताम्र पत्र अभिलेख से हमें ,राजा सूर्यादित्य के शासन के संदर्भ में जानकारी मिलती है । इस ऐतिहासिक परिदृश्य में इस बात की जानकारी मिलती है कि झारखंड क्षेत्र में सूर्यपुरा,पलामू,सोनपुरा,कुण्डे जैसी रियासतें विधमान रही थी।

झारखंड के इतिहास की जानकारी ,कनिंघम की रचना ''एन्सिएंट ज्योग्राफी ऑफ इंडिया'' से प्राप्त होती है,जिसमें ह्वेनसांग का उल्लेख करते हुए इस बात का वर्णन किया गया है कि ,मगध साम्राज्य का विस्तार 833 मील के घेरे में था । यह साम्राज्य उतर में गंगा,पश्चिम में बनारस जिला,पूर्व में हिरणय पर्वत या मुंगेर और दक्षिण में करण -सुवर्ण या सिंहभूम तक विस्तृत था । यहां उल्लेखनीय है कि मगध साम्राज्य का दक्षिणी भाग ,कीकर नाम से जाना जाता था । ह्वेनसांग का आगमन ,20 फरवरी 637 ई.में पाटलिपुत्र में हुआ था ,जो मगध की राजधानी थी । झारखंड के संदर्भ में चैतन्य महाप्रभु के श्लोक में यह स्पष्ट किया गया है कि झारखंड में रहने वाले धातु के बर्तन में पानी पीते हैं, शाल की पत्ती पर भोजन करते हैं एवं खजूर की चटाई पर सोते हैं। इस श्लोक से तत्कालिक झारखंड की सामाजिक एवं सांस्कृतिक जानकारी प्राप्त होती है।

झारखंड की सामाजिक ,भौगोलिक एवं सांस्कृतिक परिदृश्य--महत्वपूर्ण स्मरणीय तथ्य

यहां कांकजोल शासकों,नागवंशियों,सिंहों, रक्सेलों ,तथा चेरो के छोटे-छोटे स्वतंत्र राज्य का अस्तित्व विधमान रहा था।

❖ ❖

झारखंड प्रदेश में निवास करने वाले लोगों के लिए यहां स्थायी रूप से निवास करने की परंपरा रही थी।

❖ ❖

जिस समय सिंधु घाटी में कांस्यकालीन संस्कृति का विकास हो रहा था उसी समय झारखंड में भी नवपाषाण संस्कृति का विकास हुआ था।

❖ ❖

झारखंड का राजनीतिक अस्तित्व लगभग 600 ई. पू. से ही है।

❖ ❖

सर्वप्रथम मुंडाओ का प्रवेश झारखंड में हुआ था।

❖ ❖

मुंडाओं के शासक मदरा मुंडा के द्वारा यहां शासन स्थापित किया गया था।

❖ ❖

मदरा मुंडा के द्वारा नागवंशी फणीमुकुट राय को अपना उतराधिकारी नियुक्त किया गया था।

❖ ❖

12वीं सदी में दक्षिणी उड़ीसा के राजा नरसिंह देव द्वारा खुद को झारखंड का राजा घोषित किया गया था।

❖❖

राजा नरसिंह देव के द्वारा खुद को झारखंड का राजा घोषित करने का उल्लेख नरसिंह देव द्वितीय के स्तंभ अभिलेख से प्राप्त होता है।

❖❖

मध्यकाल में चैतन्य महाप्रभु ने झारखंड भूभाग का उल्लेख झारखंड के रूप में किया है।

❖❖

झारखंड एक पृथक प्रदेश के रूप में मुग़ल काल में भी अस्तित्व में रहा था।

❖❖

मुगल काल में झारखंड प्रदेश को खुखरा कहा जाता था।

❖❖

1585 ई. में मुगल शासक अकबर के द्वारा खुखरा को अपना कर दाता प्रदेश बनाया गया था।

❖❖

1616 ई. में जहांगीर के शासनकाल में बिहार के राज्यपाल इब्राहीम खान फतेह द्वारा यहां से राजा दुर्जनशाल को गिरफ्तार कर इस प्रदेश को मुगलों के अधीन कर दिया गया था।

❖❖

1707 ई. में औरंगजेब की मृत्यु के बाद खुखरा प्रदेश फिर से स्वतंत्र हो गया था।

❖❖

1724 ई. में बिहार के तत्कालीन गवर्नर ,शरबुलंद खान द्वारा एक बार फिर से झारखंड को अधीनस्थ बनाया गया था।

❖❖

झारखंड प्रदेश के भौगोलिक सीमा की चर्चा करें तो अबुल फजल के ''आईन -ए -अकबरी'' में वीरभूम और पंचेत से लेकर मध्य भारत के रतनपुर तक तथा दक्षिण बिहार में रोहतास गढ़ से लेकर उड़ीसा की सीमा तक के भूभाग को जंगली इलाका या झारखंड के नाम से वर्णन किया गया है।

❖❖

बिहार राज्य के सिंहभूम क्षेत्र से प्राप्त ताम्र पत्र अभिलेखों से इस बात की जानकारी प्राप्त होती है कि ,विक्रमादित्य तथा उसके पिता प्रचंडादित्य ने अधिकांश बिहार पर अपना प्रभाव स्थापित कर महाराजाधिराज की उपाधि धारण की थी।

❖ ❖

बगहा ताम्र पत्र अभिलेख से हमें राजा सूर्यादित्य के शासन के संदर्भ में जानकारी मिलती है।

❖ ❖

झारखंड क्षेत्र में सूर्यपुरा,पलामू,सोनपुरा,कुण्डे जैसी रियासतें विधमान रही थी।

❖ ❖

झारखंड के इतिहास की जानकारी कनिंघम की रचना ''एन्सिएंट ज्योग्राफी ऑफ इंडिया'' से प्राप्त होती है।

❖ ❖

''एन्सिएंट ज्योग्राफी ऑफ इंडिया'' में इस बात का वर्णन किया गया है कि मगध साम्राज्य का विस्तार 833 मील के घेरे में था।

❖ ❖

मगध साम्राज्य उत्तर में गंगा पश्चिम में बनारस जिला,पूर्व में हिरणय पर्वत या मुंगेर और दक्षिण में किरण-सुवर्ण या सिंहभूम तक विस्तृत था।

❖ ❖

मगध साम्राज्य का दक्षिणी भाग कीकर नाम से जाना जाता था।

❖ ❖

ह्वेनसांग का आगमन 20 फरवरी 637 ई. में पाटलिपुत्र में जो मगध की राजधानी था हुआ था।

❖ ❖

चैतन्य महाप्रभु के श्लोक में यह स्पष्ट किया गया है कि झारखंड में रहने वाले धातु के बर्तन में पानी पीते हैं,शाल की पत्ती पर भोजन करते हैं एवं खजूर की चटाई पर सोते हैं।

3

झारखण्ड के ऐतिहासिक स्रोत

भारतीय इतिहास के संदर्भ में इतिहासकारों के द्वारा विभिन्न ऐतिहासिक स्रोतों से प्राप्त जानकारी के आधार पर भारत के इतिहास का सृजन किया गया है । इसी प्रकार से झारखंड के इतिहास एवं उसके कालक्रम के संदर्भ में इतिहासकारों के द्वारा विभिन्न ऐतिहासिक स्रोतों का अध्ययन किया गया है। यहाँ इस बात से इंकार नहीं किया जा सकता है कि भारतीय इतिहास लेखन की तुलना में झारखंड के इतिहास लेखन में क्रमबद्धता एवं गवेषणात्मकता का अभाव रहा है,जिसके परिणामस्वरूप झारखंड के ऐतिहासिक विवरण पर प्रतिकूल प्रभाव दिखाई देता है,यद्यपि झारखंड के इतिहास के संदर्भ में इतिहासकारों के समक्ष अनेक स्रोत उपलब्ध है ।

झारखंड में जितने भी प्रागैतिहासिक पुरातात्विक स्थल एवं स्रोत हैं ,उनके माध्यम से झारखंड के इतिहास का सृजन किया गया है। झारखंड के इतिहास एवं संस्कृति के अध्ययन एवं कालक्रम के निर्धारण में जनजातीय समाज का भी महत्वपूर्ण योगदान रहा है ।झारखंड की संस्कृति के संदर्भ में प्रागैतिहासिक काल से लेकर आधुनिक काल तक मानवीय संस्कृति एवं सभ्यता के उद्भव तथा विकास के क्रम में इतिहास लेखन के लिए ऐतिहासिक स्रोत पर्याप्त मात्रा में उपलब्ध है । ऐतिहासिक स्वरूपों में पुरातात्विक और साहित्यिक दोनों प्रकार के स्रोत पर्याप्त मात्रा में उपलब्ध है।

भारत के इतिहास की तरह ही झारखंड का इतिहास भी अत्यंत प्राचीन है,लेकिन जहां भारत का इतिहास और कालक्रम स्पष्ट रूप से विभिन्न स्रोतों के

माध्यम से वर्णित है,वही झारखंड का इतिहास एवं कालक्रम के संदर्भ में महत्वपूर्ण जानकारी को ऐतिहासिक क्रम में व्यक्त करना संभव नहीं हो सका है । जब झारखंड के इतिहास के विभिन्न स्रोतों का अध्ययन किया जाता है तो इस बात का ध्यान रखना होता है कि इतिहास घटनाओं का सिर्फ विवरण ही नहीं है ,बल्कि उसे इसे प्रमाणित भी करना होता है और यह कार्य घटनाओं के साक्ष्य के बिना संभव नहीं है ।

झारखंड के इतिहास का लेखन इतिहासकारों के द्वारा अध्ययन किये गए विभिन्न स्रोतों पर आधारित है । इतिहास लेखन के लिए विभिन्न स्रोतों का होना आवश्यक है क्योंकि इसके अभाव में किसी भी घटना का उल्लेख करना सिर्फ कहानी बयां करने जैसा होता है और बिना प्रमाणिक स्रोत के किसी बात का कहना इतिहास के स्थान पर साहित्य की विषय सामग्री बन जाती है ।

इतिहास के अध्ययन के लिए या इतिहास लेखन के लिए विभिन्न स्रोतों का महत्व इसलिए भी बहुत अधिक होता है क्योंकि यदि किसी भूतकाल की घटना के संदर्भ में वर्तमान के घटित घटनाओं का अध्ययन करना हो तो इसके लिए आवश्यक है कि भूतकाल की घटना के अध्ययन के लिए पर्याप्त साक्ष्य उपलब्ध हो । झारखंड के इतिहास का अगर भारत के इतिहास के साथ तुलनात्मक अध्ययन किया जाय तो यह स्पष्ट हो जाएगा कि भारतीय इतिहास लेखन की तुलना में झारखंड के इतिहास लेखन की परंपरा यद्यपि बहुत पुरानी नहीं है,लेकिन फिर भी झारखंड के इतिहास लेखन के लिए इतिहासकारों के पास पर्याप्त सामग्री उपलब्ध है।

झारखंड के इतिहास के अध्ययन के स्रोत लिखित रूप से औपनिवेशिक दस्तावेजों और साहित्य में उपलब्ध है,वहीं कुछ स्रोत कलाकृतियों,स्मारकों ,औजारों,बर्तनों,अभिलेखों,सिक्कों के रूप में उपलब्ध है । झारखंड के इतिहास लेखन में विदेशी यात्रियों के वर्णन का भी महत्वपूर्ण स्थान है । झारखंड के इतिहास में जहां उपलब्ध लिखित सामग्री से मदद मिलती है ,वही मौखिक परंपराओं से भी महत्वपूर्ण जानकारी उपलब्ध होती है । झारखंड के इतिहास लेखन के संदर्भ में झारखंड प्रदेश के किस्से और कहानियां भी एक महत्वपूर्ण स्रोत रहे हैं।

पुरातात्विक स्रोत

झारखंड के इतिहास के संदर्भ में पुरातात्विक स्रोत की अगर बात की जाय तो ,इसका तात्पर्य भौतिक अवशेषों द्वारा अतीत के अध्ययन से रहा है । झारखंड के इतिहास के संदर्भ में प्रागैतिहासिक काल के कई साक्ष्य इतिहासकारों को मिले हैं । पाषाण के अनेक औजार झारखंड में यंत्र तंत्र बिखरे पड़े हैं । पुरापाषाण काल

के औजार आकार में बड़े ,वेढब और भारी है, जिससे इतिहासकारों के द्वारा यह अनुमान लगाया गया है कि उस समय इस प्रदेश में रहने वाले लोगों के द्वारा हथियार बनाने के लिए अपने पास उपलब्ध पत्थरों का प्रयोग किया जाता था । पुरातात्विक स्रोत के अंतर्गत झारखंड के इतिहास लेखन के लिए महत्वपूर्ण स्रोत उपलब्ध हैं। झारखंड के इतिहास के स्रोतों के अध्ययन के क्रम में इस बात की जानकारी मिलती है कि झारखंड में पाषाण युग, ताम्र युग एवं कांस्य युग की प्रतिमाओं के साथ-साथ मानव के उपयोग में लाई जाने वाली अनेक वस्तुएं जिनका पुरातात्विक महत्व बहुत अधिक है बड़ी संख्या में प्राप्त की गई है।

1894 ई. में किल्हार्न ने दुमदुमा के समीप दूध पानी से प्राप्त आदिसिंह के अभिलेख को प्रकाशित किया था । इस अभिलेख की लिपि के आधार पर इसे आठवीं शताब्दी का माना गया है । पुरातात्विक दृष्टि से दुमदुमा एक अत्यंत महत्वपूर्ण स्थल रहा है ,जहां से उत्तर गुहाकालीन मंदिर के अवशेष प्राप्त हुए हैं। दुमदुमा के इस मंदिर के समीप गणेश,विष्णु,दुर्गा और सूर्य की मूर्तियां पाई गई है ।इन मूर्तियों के साथ यहां प्राचीन प्रस्तर के अवशेष और शिवलिंग भी प्राप्त हुए हैं । दुमदुमा में उत्खनन से यह निष्कर्ष निकाला गया है कि यह स्थान 8 वीं से 12वीं शताब्दी मेंपाल काल में एक महत्वपूर्ण स्थान रहा होगा ।

चौपाखा से16 किमी दक्षिण पश्चिम में मोहनी नदी के तट पर इटखोरी स्थित है,जहां तीन प्राचीन मंदिरों के अवशेष प्राप्त हुए हैं । इन तीन प्राचीन मंदिरों में से एक को फिर से बनाया गया है । इटखोरी में बड़े पैमाने पर हिंदू और बौद्ध देवी-देवताओं की मूर्तियां प्राप्त हुई है । पारसनाथ में पहाड़ी की चोटी पर कई जैन मंदिर मिले हैं जिनका निर्माण 18वीं से 19वीं शताब्दी में किया गया है । हजारीबाग से 50 किमी दूर महौपी पहाड़ी में चट्टान को काटकर बनाए गए चार छोटे-छोटे मंदिर मिले हैं ,जिनमें शिवलिंग की आकृति और देवी- देवताओं की आकृति मिली है । इस मंदिर की छत काफी भव्य है और इस मंदिर के दरवाजे पर नक्काशी की गई है । इतिहासकारों के द्वारा इस मंदिर को 17वीं शताब्दी का बताया गया है। पुरातात्विक साक्ष्य के रूप में हजारीबाग से बड़कागांव के मार्ग पर बखरी ,नाम के स्थान पर उत्खनन से महत्वपूर्ण स्मृति चिन्ह प्राप्त हुए हैं । इतिहासकारों का अनुमान है कि यहां प्राचीन समय मेंशवों को लोगों के द्वारा गाड़ दिया जाता था और उसके साथ प्रस्तर के स्मृति चिन्ह लगा दिए जाते थे । हंटरगंज से 10 किमी दक्षिण पश्चिम में कोलेश्वरी पहाड़ का कोलुआ पहाड़ स्थित है ।पुरातात्विक दृष्टिकोण से कोलुआ पहाड़ का बहुत अधिक महत्व है ।

इस पहाड़ के शिखर पर हिंदू देवी देवताओं के साथ-साथ बौद्ध और जैन धर्म की मूर्तियां पाई गई है । जैन तीर्थंकरों की मूर्तियां इस पहाड़ी की चोटी पर पत्थरों को काटकर बनाई गई है ,जिन्हें स्थानीय जनता के द्वारा दसावतार कहा गया है ।यहांपाई गई 10 मूर्तियों में से जहां पांच मूर्तियां बैठी हुई है वहीं अन्य पांच मूर्तियां खड़ी है । इन्हीं मूर्तियों से थोड़ी दूर पर 10 जैन तीर्थंकरों की मूर्तियां ,पदमानस की उत्कीर्ण की गई है । एक प्रस्तर को काटकर इन मूर्तियों के ऊपर पद चिन्ह उत्कीर्ण किए गए हैं । यहां पर मूर्तियों के अतिरिक्त एक मध्यकालीन दुर्ग की चारदीवारी भी है,जिसकी लंबाई और चौड़ाई 600 मीटर X 450 मीटर है । चारदीवारी के दीवारों की मोटाई 5 मीटर और चौड़ाई 3 मीटर है । दुर्ग में दो द्वार है । इतिहासकारों ने इस अवशेष को प्राचीन मदलपुरा नगरका अवशेष बताया है । वहीं जैनियों का यह विश्वास है कि 10 वें तीर्थंकर का जन्म इसी जगह हुआ था । देवपाल के नालंदा ताम्रपत्र जो 9वीं शताब्दी का है, में पालामक का उल्लेख किया गया है जिसे इतिहासकारों ने पलामू माना है । उत्खनन से पलामू में दो किले मिले हैं एक नया किला तथा दूसरा पुराना किला ।नए किले की लंबाई और चौड़ाई लगभग 250 मीटर X 100 मीटर है । प्रस्तर प्राचीर की चौड़ाई लगभग 5 मीटर है । सैनिकों के चलने के लिए प्राचीर पर 4.50 मीटर चौड़ा मार्ग बना हुआ है । इस किले के दोनों तरफ सुरक्षा प्राचीर है तथा किले के नीचे सैनिकों के निवास के लिए कई कमरे बने हुए हैं । कुछ कमरे दो मंजिला भी है । इन कमरों में सैनिकों के द्वारा बाण को छोड़ने के लिए छिद्र भी बनाए गए हैं । पुराने किले से बुध की भूमि स्पर्श मुद्रा में एक मूर्ति प्राप्त हुआ है जो 12वीं शताब्दी की है मिली है । पलामू में हुसैनाबाद से 8 किमी पूरब में अलीनगर का किला है ,जिसे स्थानीय जनता के द्वारा रोहिल्ला किला कहा जाता है । इस किले की लंबाई और चौड़ाई क्रमशः 15 मीटर X 13 मीटर है । इस किले की विशेषता यह है कि यह आयातकार बना हुआ है ।

पलामू में गढ़वा से 16 किमी दूर विश्रामपुर में पलामू के राजा जयकिशन राय के भाई नरपत राय के द्वारा 1750 ई में बनवाया गया एक गढ़ है । पलामू में डाल्टेनगंज शहर के सामने शाहपुर में 18 वीं शताब्दी में पलामू के राजा गोपाल राय ने एक किले का निर्माण कार्य प्रारंभ किया था जिसे वह पूरा नहीं कर सके थे । पलामू के महुआटांड़ जो डाल्टेनगंज से 106 किमी दूर है ,वहां फादर डेहोन ने सेंट जोसेफ चर्च का निर्माण करवाया था,जिसकी लंबाई चौड़ाई और ऊंचाई क्रमशः 100 मीटर X 45 मीटर X 90 मीटर है । पलामू में डाल्टेनगंज के पास नगर उटारी ग्राम है, जहां 17 वीं शताब्दी में भैया साहब द्वारा गढ़ का निर्माण कराया गया था

तथा उनकी पत्नी

शिवमुनि कुंवर द्वारा मंदिर का निर्माण करवाया गया था । इस मंदिर में वंशीधर की लगभग 21 क्विंटल की अष्टधातु की मूर्ति है । यह मूर्ति ग्राम मनौली से लाई गई थी । पलामू के पाटन प्रखंड से 9 किमी के दूर पर छेछौरी ग्राम में एक प्राचीन मंदिर है जिसे वहां के लोगों के द्वारा साधु मनर कहा जाता है । सिंहभूम जिला के लोटा पहाड़ स्थान से उत्खनन में पूर्व मध्य पाषाण कालीन बेधक,खुरचनी और बेफनी प्राप्त हुए हैं । सिंहभूम में बारूडीह से 3 किमी दूर डुगनी में नवपाषाण कालीन कुल्हाड़ी और मृदभांड मिले हैं । सिंहभूम में चांडिल के समीप नीमडीह में नवपाषाण काल की प्रस्तर की कुल्हाड़ी,हस्तनिर्मित मृदभांड और वलय प्रस्तर मिले हैं ।

सिंहभूम में हुगनी के समीप डोरा में नवपाषाण कालीन प्रस्तर की कुल्हाड़ी,लौहमल,सुक्ष्माष्म उपकरण,लाल तथा भूरे रंग के मृदभांड मिले हैं । सिंहभूम में चांडिल के समीप के क्षेत्रों में उत्खनन से तीर्थंकरों की मूर्तियां और नरसिंह की मूर्ति मिली है । तीर्थंकरो कि मूर्तियों में एक मूर्ति आदिनाथ की है । चांडिल पुल के समीप हिंदू देवी देवताओं की मूर्तियां एवं शिलाखंड पाए गए हैं,जिनमें शिवलिंग और शिव पार्वती की मूर्ति महत्वपूर्ण है । सिंहभूम के स्वर्णरेखा नदी के तट पर बसे तुलसी में प्राचीन मंदिर के अवशेष मिले हैं । इन अवशेषों को चांडिल बांध के शीश महल में रखा गया है । एक प्राचीन तालाब भी तुलसी में मिला है ,सिंहभूम जिले के बेलुसागर में एक प्राचीन तालाब मिला है जिसके किनारे पर हिंदू और जैन देवी देवताओं की मूर्तियां पाई गई है । इन मूर्तियों में शिव पार्वती,दुर्गा,गणेश,विष्णु,चामुंडा की मूर्तियों के साथ दो जैन तीर्थंकरो की मूर्तियां भी मिली है । इन मूर्तियों को इतिहासकारों ने सातवीं से आठवीं शताब्दी का बताया है । प्राचीन तालाब के दक्षिण पूर्व कोने पर एक गढ़ का अवशेष भी मिला है जो 300 मीटर X150 मीटर है । सिंहभूम जिले के स्वर्णरेखा नदी के तट पर स्थित श्यामसुन्दरपुर में एक मंदिर मिला है ,जिस के प्रवेशद्वार की दीवार पर पक्की मिट्टी के ईंटों पर कृष्ण लीला के दृश्य उत्कीर्ण है ।

इस मंदिर में प्राचीन कृष्ण की धातु की मूर्तियां रखी गई है ।सिंहभूम जिले के बहरागांव प्रखंड में स्वर्णरेखा नदी के तट पर बसे गुहिया पाल में दसवीं और 11वीं शताब्दी के शिव पार्वती,रेवती की मूर्तियां तथा शिवलिंग पाया गया है । प्राचीन समय में यहां लोहा गलाने का काम किया जाता था । धनबाद 1956 ई. तक मानभूम जिला का भाग था तथा इसका मुख्यालय पुरुलिया था । रांची के कोनोलको से लघु पाषाण उपकरण प्राप्त हुए हैं।रांची जिला में भल्ला ऊंगरी से

लघु पाषाण उपकरण प्राप्त हुए हैं । रांची जिला के अजमेरा से उच्च पुरापाषाण उपकरण और लघु पाषाण उपकरण प्राप्त हुए हैं ।

रांची के नामकुम से उच्च पुरा पाषाण के उपकरण प्राप्त हुए हैं । रांची में नेतरहाट के समीप चिपड़ी नाम के स्थान से उच्च पुरा पाषाण उपकरण प्राप्त हुए हैं । रांची के सारिदकेल स्थान से लघु पाषाण उपकरण मिले हैं । एस.सी.राय को रांची के बिन्दा नाम के स्थान से पत्थर की रूखानी और कुल्हाड़ी मिली है । रांची के चाचोनावा टोली नाम के स्थान से पॉलिशदार पत्थर की कुल्हाड़ी मिली है । रांची में चेनेगुट्टू नाम के स्थान से पत्थर की रूखानी प्राप्त हुई है । 1916 ई. में एस.सी.राय को रांची के पंगुरा नाम के स्थान से पत्थर की रूखानी प्राप्त हुई थी ।1916 ई. में रांची के सोपारण में एस.सी.राय को पत्थर की कुल्हाड़ी और रूखानी प्राप्त हुई है । रांची के तोरंगखेल नाम के स्थान से एक पत्थर की कुल्हाड़ी मिली है ,जिसे पटना संग्रहालय में रखा गया है । रांची के सल्गी नाम के स्थान से पत्थर की एक रूखानी प्राप्त हुई है

जिसे पटना संग्रहालय में रखा गया है । खूंटी से 100 किमी दूर इते गांव से एस.सी.राय को पत्थर की कुल्हाड़ी मिली है । 1915 ई. में एस.सी.राय ने पाण्डु का निरीक्षण किया था ।पाण्डु को स्थानीय लोग असुर स्थल तथा ईटा दौरा भी कहते हैं । 1915 ई. में एस.सी.राय ने खूंटी से 10 किमी दूर सरिड़ खेल नाम के स्थान जिसके नजदीक रंजन नदी बहती है का निरीक्षण किया था । यहां से प्राचीन ईंट के टुकड़े,सोने के कंगन तथा पत्थर के मनके प्राप्त हुए है । मभगांव जो गुमला से 90 किमी दूर स्थित है ,यहां टांगीनाथ पहाड़ी पर प्राचीन मंदिर के अवशेष और मूर्तियों को सबसे पहलेश्री चुन्नीलाल ने देखा था । रांची के समीप चुरिया में चारदीवारी से घिरा हुआ एक प्राचीन मंदिर मिला है ,इस मंदिर के उत्तरी दीवार पर विक्रम संवत 1784 का एक अभिलेख मिला है । रांची से 10 किमी दूर जगन्नाथपुर में उड़ीसा के पुरी स्थित जगन्नाथ मंदिर की तरह का एक मंदिर पहाड़ी पर छोटा नागपुर के नागवंशी राजा ठाकुर एनीशाह के द्वारा बनाया गया था ।1944 ई. में ए.घोष ने खूंटी से 10 किमी दूर सारिदकेल जगह का निरीक्षण किया था और उन्हें वहां एक विस्तृत असुर स्थल मिला था।

पाषाणकालीन उपकरण

इतिहास के अध्ययन के लिए पाषाणकालीन उपकरण एक महत्वपूर्ण स्रोत रहे हैं।1991 ई में हजारीबाग के इस्को क्षेत्र के उत्खनन में चित्रकारी का एक नमूना पाषाण पर मिला है,जिसके द्वारा दो प्राकृतिक गुफाओं की जानकारी उपलब्ध होती है । भूल भुलैया वाली आकृति के अवशेष भी हजारीबाग के इस्को में प्राप्त हुए

हैं । हजारीबाग से ही कुठार तथा खुरचिनी प्राप्त हुए हैं।हजारीबाग से ऐतिहासिक पुरातात्विक स्रोत के रूप में सत्यपहाड़ रहम,सरैया,देहांगी तथा रामगढ़ जिला के बड़कागांव ,गोला ,बांसनगर ,कुसुमगढ़ ,परसाडीह,बेनूसागर, मांडू ,रजरप्पा , बरागुंडा महत्वपूर्ण है।पुरातात्विक साहित्यिक स्रोत के रूप में इतिहासकारों के द्वारा तक्षणी,कुल्हाड़ी , बेधक और खुरचनी प्राप्त किए गए हैं । सर्वाधिक प्राचीन पाषाण उपकरण सिंहभूम से प्राप्त हुए हैं,जिनके संदर्भ में इतिहासकारों का अनुमान है कि यह लगभग एक लाख ई .पू .के हैं ।

पुरापाषाण काल के उपकरण एवं औजार के क्रम में धनबाद स्थित झरिया से भाला और पत्थर की कुल्हाड़ी तथा बोकारो से हस्तकुठार प्राप्त हुए हैं । पलामू जिला के भीम चूल्हा से आदिमानव के पांव के अवशेष पत्थरो पर प्राप्त हुए हैं । पलामू जिले के बजना,शाहपुर,झाबर,रंका, कला,बालूगारा,नाकगढ़ पहाड़ी से भी पाषाण कालीन स्क्रैपर,ब्लेड और कुल्हाड़ी प्राप्त हुए हैं। पुरापाषाण काल के उपकरण में कोर,ब्लेड,और फ्लेक तीनों पाए गए हैं। खूंटी के बूरजू से स्लेटी पत्थर की छेनी प्राप्त हुई है ।दुमका जिले के पहाड़पुर में गोमई नदी के तट पर एक स्फटिक का धारदार हथियार प्राप्त हुआ है। झारखंड आदि मानव का निवास स्थान रहा है । झारखंड में छोटा नागपुर का क्षेत्र जो गोंडवाना लैंड का भाग है को भारत की प्राचीनतम धरती होने का गौरव प्राप्त है ।

झारखंड की नदियां आदिमानव के निवास के लिए अनुकूल रही थी और यही कारण है कि दामोदर, शंख, कोयल और स्वर्णरेखा नदी की घाटियों में आदि मानव का निवास स्थान रहा था, और यहां से इनके पर्याप्त पाषाण उपकरण के अवशेष प्राप्त हुए हैं। इतिहासकारों का यह मत है कि यहां की मिट्टी में अम्लीयता की मात्रा अधिक होने के कारण आदि मानव के अस्थि अवशेष गल जाने के कारण प्राप्त नहीं हुए हैं। गढ़वा जिला भवनाथपुर से प्रागैतिहासिक कालीन शैलचित्र और प्राकृतिक गुफाओं के साक्ष्य प्राप्त हुए हैं । इन गुफाओं में पशुओं के चित्र प्राप्त हुए हैं जिनमें हिरण,भैंसा जैसे पशु के चित्र प्राप्त हुए हैं । देवघर जिले से पुरा पाषाण कालीन उपकरण प्राप्त हुए हैं ,जो करण कोला जोर नदी के सतह पर प्राप्त हुए हैं।

मध्य पाषाण कालीन उपकरण

झारखंड में मध्य पाषाण काल की अवधि 9000 इ .पू .से 4000 ई.पू .के मध्य रही थी । झारखंड के रांची,दुमका,पलामू,धनबाद,पश्चिमी व पूर्वी सिंहभूम से मध्य पाषाणकालीन मैक्रोलिथिक उपकरण प्राप्त हुए हैं । धनबाद के गंजाय पहाड़ी क्षेत्र से मध्य पाषाण कालीन लघु उपकरण प्राप्त हुए हैं । पलामू जिले के महुदंड,भवनाथपुर तथा अंधारी पहाड़ दुमका जिला के सूरजबेड़ा,बांदरकोला,

भेलाडीह, अमरापाड़ा, रांची- खूंटी जिले के सोनाहातु ,चैनपुर ,डामरी, बामला और सिंहभूम जिले के जगन्नाथपुर ,घाटशिला ,चांडिल से भी मध्य पाषाण काल के उपकरण प्राप्त हुए हैं । मध्य पाषाण काल के पत्थर के औजार की विशेषता यह है कि यह अर्धचंद्राकार और नुकीले है ।

मध्य पाषाण कालीन युग में लघु पाषाण संस्कृति की प्रधानता का प्रमाण मिलता है ।मध्य पाषाण कालीन संस्कृति के पाषाण उपकरण गढ़वा जिले के नाकगढ़,बालूगारा ,हाथीगाय ,भवनाथपुर और झरवार से प्राप्त हुए हैं । मध्य पाषाण कालीन औज़ारों की एक विशेषता यह है कि जानवरों की हड्डियों का प्रयोग हथियार के रूप में प्रारंभ हो गया था ।

नवपाषाण कालीन उपकरण तथा औजार

झारखंड में नवपाषाण काल की संस्कृति 3000 ई .पू से 1500 ई .पू तक रही थी । झारखंड के चाईबासा में चक्रधरपुर के नजदीक स्थित संजय नदी घाटी में नवपाषाण कालीन चाकू की आकृति के धारदार पत्थर मिले हैं । बारूडीह से पालिशदार प्रस्तर की छेनी, कुल्हाड़ी और कुदाल प्राप्त हुए हैं । पूर्वी सिंहभूम के सुवर्णरेखा-खरकई के संगम पर नवपाषाण कालीन साक्ष्य प्राप्त हुए हैं । प्रसिद्ध पुरातत्ववेता बोरमैन के द्वारा नवपाषाण काल के 12 प्रकार के हस्तकुठारो की खोज की गई है, जिसका वर्णन उन्होंने अपनी पुस्तक ''द निरयोलिथिक पैटर्न इन द प्री हिस्ट्री ऑफ इंडिया‘ में दिया है । नवपाषाण कालीन उपकरणों में पाई गई विभिन्नता के कारण इतिहासकार झारखंड क्षेत्र में नवपाषाण संस्कृति के दो चरण को स्वीकार करते हैं,जिसमें प्रथम चरण 3000 ई. पू. के आसपास था वहीं द्वितीय चरण 1500ई. पू. में था । उल्लेखनीय है कि नवपाषाण कालीन संस्कृति के द्वितीय चरण में ही झारखंड में मुंडा जनजाति या प्रोटो-ऑस्ट्रेलॉयड प्रजाति का आगमन हुआ था ।

झारखंड में नवपाषाण कालीन उपकरण एवं औजार मुख्य रूप से बुरहादी, बुरजू, रारू नदी के पास मिले है,जो चाईबासा में स्थित है ।बुरुहातू में स्लेटी पत्थर की पॉलिशदार छेनी, प्रस्तर ,चाकू ,स्लेट पत्थर की छेनी प्राप्त हुए हैं । झारखंड के नवपाषाण कालीन औजार और उपकरण ,औजार तीक्ष्ण और दोनों तरफ से नुकीले है ।

झारखंड में पाए गए नवपाषाण कालीन औजार पुरापाषाण काल एवं मध्य पाषाण काल के औज़ारों से अधिक नुकीले एवं धारदार है । नवपाषाण काल में हड्डियों का उपयोग हथियार के रूप में अधिकता से किए जाने के प्रमाण मिले हैं । नवपाषाण कालीन मृदभांड के टुकड़े ,पक्की मिट्टी के मटके, वलय, पत्थर

की हथौड़ी,हड्डियों के हथियार ,तीक्ष्ण धार वाले पत्थर बारूडीह के संजय एवं सोननाला के संगम पर उत्खनन से प्राप्त हुए हैं । बुरहादी गांव से नवपाषाण कालीन पत्थर का सेल्ट 1870 ई. में मिला है । नवपाषाण कालीन क्वार्टज पोलिश छेनी और स्लेटी पत्थर की छेनी एस. सी. राय को मिली है । 1868 ई. में चाईबासा के रोरो नदी के तट पर नवपाषाण कालीन प्रस्तर हथियार कप्तान विचिंग को मिले हैं,जिसमें मुख्य रूप से चाकू प्राप्त हुए हैं । दरगामा में 1915 ई.में नवपाषाण कालीन पाँच सेल्ट प्राप्त हुए हैं।धनबाद स्थित झरिया में नवपाषाण कालीन पत्थर की कुल्हाड़ी और भाले मिले है।नवपाषाण कालीन पांच पत्थरो की हथौड़ी बोनगश के नजदीक बानाघाघ से मिली है । विष्णुपुर के आसपास पुरापाषाण काल के अवशेष प्राप्त हुए हैं।

ताम्रपाषाण कालीन उपकरण एवं औजार

झारखंड के गुमला जिले के बसिया प्रखंड से ताम्र पाषाण कालीन तांबे की कुल्हाड़ी एवं तांबे के सेल्ट्स,रांची जिले के नामकुम से लोहे के औजार , बाण के फलक तथा तांबे के कंगन मिले हैं।लोहरदगा जिले में उत्खनन से कांस्य के प्याले प्राप्त हुए हैं ।लोहरदगा जिला से प्राप्त कांस्य का प्याला झारखंड में कांस्य युग की जानकारी देता है । झारखंड के दरगामा गांव, बसिया में तांबा एवं लोहे की आरी, तांबे की सेल्ट और तांबे की कुल्हाड़ी मिली है ।झारखंड की असुर जनजातियों के द्वारा धातु कर्म का कार्य किया जाता था । उत्खनन में पांडु में मिट्टी के कलश, तांबे के औजार और ईंट की दीवार प्राप्त हुई है । जमीन के नीचे से उत्खनन में पत्थर की पट्टी और चार पाए वाली पत्थर की चौकी भी प्राप्त हुई है ,जो आज पटना संग्रहालय में रखी गई है । मुरद से कांस्य की अंगूठी और तांबे की सिकड़ी प्राप्त हुई है ।

सिंहभूम एवं मानभूम से ताम्र से निर्मित वस्तुएं मिली हैं । झारखंड के हजारीबाग जिले के बारहगड़ा गांव में 48 ताम्र की खदानें मिली है । लुपुंगाडीह में प्राचीन कब्रगाह के अंदर पत्थर के मनके, हड्डियों के अवशेष के साथ तांबे एवं कांस्य के आभूषण भी मिले हैं । उत्खनन में तांबे की खदानें राजदोहा में भी मिले है । उत्खनन से नामकुम में लोहे के औजार, बाण के फलक और तांबे के कंगन मिले है । रांची लोहरदगा और चैनपुर में ईंटों से निर्मित प्राचीन भवन ,अस्थिकला ,प्राचीन पोखर मिले है।

अभिलेख एवं शिलालेख

झारखंड के इतिहास के अध्ययन के स्रोत के लिए अभिलेख एवं शिलालेख अत्यंत महत्वपूर्ण है ।अशोक के13वें शिलालेख से आटविक क्षेत्र की जानकारी

मिलती है, जिसमें झारखंड सम्मिलित रहा था । अशोक के दूसरे शिलालेख से इस बात की जानकारी प्राप्त होती है कि आटविक क्षेत्र की जनजातियों को रक्षित के नेतृत्व में धम्म प्रचारक मंडली के द्वारा धम्म की शिक्षा दी जा रही थी ।समुद्रगुप्त के प्रयाग प्रशस्ति अभिलेख में मुरुंड देश के रुप में झारखंड का उल्लेख है । झारखंड के पलामू जिले से मान राजाओं से संबंधित गहड़वालों के शिलालेख मिले हैं । झारखंड के हजारीबाग जिले में

बराकर नदी घाटी के दूध पानी से 1894 ई में आठवीं शताब्दी के अभिलेख प्राप्त हुए हैं।कवि गंगाधर का प्रस्तर अभिलेख गोविंदपुर में मिला है, जिससे हजारीबाग एवं धनबाद के मान राजाओं के विषय में जानकारी प्राप्त होती है । झारखंड के हजारीबाग जिले के इटखोरी के भद्रकाली मंदिर की मूर्ति के नीचे खुदे अभिलेख से प्रतिहार शासक ,महेंद्र पाल की जानकारी प्राप्त हुई है।1662 ई. में दाऊद खान द्वारा बनाए गए मस्जिद ,पलामू जिले के पुराने किले में मिले हैं । झारखंड के गुमला जिले के घाघरा प्रखंड में हापामुनी मंदिर में अभिलेख मिले हैं । नरसिंह देव द्वितीय के ताम्रपत्र से झारखंड की जानकारी प्राप्त होती है ।

झारखंड के रांची जिले के बोडेया गांव से सन 1727 ई. में मंदिर के अभिलेख प्राप्त हुए हैं । सरगुजा के सीता-बागीरा से अशोक के समय के अभिलेख प्राप्त हुए हैं । 5वीं शताब्दी का एक अभिलेख सिंहभूम के बेनूसागर से प्राप्त हुआ है,जिससे तत्कालीन वैदिक अध्ययन केंद्र का पता चलता है । पाल शासक रामपाल के बारे में तपोवन के गुफा अभिलेख से जानकारी प्राप्त होती है । विष्णुगुप्त का कौलेश्वरी पर्वत शिलालेख से यह जानकारी प्राप्त होती है कि सातवीं ,आठवीं शताब्दी में मगध गुप्त वंश के नियंत्रण में रहा था ।

इसी अभिलेख से सामंतीय शासन प्रणाली की जानकारी प्राप्त होती है।कौलेश्वरी पहाड़ तत्कालीन सिख धर्म का केंद्र भी रहा था तथा ऐसा विश्वास किया जाता है कि, सिक्ख धर्म के गुरु नानक जी इस स्थान पर रुके थे।रांची और लोहरदगा जिले से प्राप्त अभिलेखों से झारखंड में मराठा प्रभाव की जानकारी प्राप्त होती है।झारखंड का बंगाल पर प्रभाव रहा था ,इसकी जानकारी 11वीं सदी के घोड़मारा अभिलेख की साम्यता सेनवंशी अभिलेख देवपाड़ा से होने के कारण प्राप्त होती है।खरवार शासक प्रताप ध्वल के संदर्भ में पलामू से प्राप्त फुलवारी और ताराचंडी अभिलेख तथा औरंगाबाद का तिलौथु अभिलेख से जानकारी प्राप्त होती है।झारखंड में लगभग 90 से अधिक अभिलेख प्राप्त हो चुके हैं।इन अभिलेखों की भाषा संस्कृत और लिपि गुप्तकालीन ब्राह्मी ,नागरी और बांग्ला है।इन अभिलेखों से तत्कालीन सामाजिक,राजनैतिक व्यवस्था तथा धर्म और संस्कृति के संदर्भ में

पता चलता है।। अधिकांश अभिलेख मूर्तियों और शिलापट्ट पर लिखे गए हैं।

धार्मिक साहित्य

झारखंड के संदर्भ में भागवत पुराण से जानकारी प्राप्त होती है । भगवत पुराण में झारखंड प्रदेश को किक्कट प्रदेश के नाम से संबोधित किया गया है । झारखंड क्षेत्र को ऋग्वैदिक काल में भी किक्कट नाम से संबोधित किया गया है । ऐतरेय ब्राह्मण में इसे पुण्ड्र कह कर संबोधित किया गया है । ऋग्वेद में इसे 1किकट प्रदेश कहा गया है ।अर्थव वेद में इसे व्रात्य प्रदेश कहा गया है। वायु पुराण में इसे मुरन्ड कहा गया है । विष्णु पुराण में इसे मुंड कहा गया है । विष्णु पुराण के खंड 4,24 ,18 में इसे पौंड्रिक प्रदेश कह कर वर्णन किया गया है । महाभारत के दिग्विजय पर्व में इसे पुंडरीक, पशुभूमि ,कर्क खंड, अर्क खंड कह कर संबोधित किया गया है । झारखंड प्रदेश को कर्ण के दिग्विजय के समय अर्कखंड कहा जाता था । झारखंड क्षेत्र का वर्णन ऋग्वेद कि शलोक संख्या 3,53 और 14 में है ।

झारखंड के जनजातिय चेरों से संबंधित वर्णन ऐतरेय ब्राह्मण के खंड 2.9.9 में दिया गया है । अथर्ववेद के समय कीकट प्रदेश मगध, अंग, बंग, पुंड्र, कलिंग तथा अन्य राज्यों में विभाजित हो गया था । झारखंड प्रदेश के निवासियों का वर्णन अथर्ववेद के व्रात्य कांड में मिलता है।बौद्ध एवं जैन धार्मिक साहित्य से भी झारखंड प्रदेश की जानकारी प्राप्त होती है।जैन ग्रंथों में भगवान महावीर के लोरे-ए-यदगा की यात्रा का वर्णन है, मुंडारी में जिसका अर्थ आंसुओं की नदी होता है।जैन ग्रंथों से जैन धर्म के 24 तीर्थंकरो में से 20 तीर्थंकर के पारसनाथ की पहाड़ी पर निर्वाण के संदर्भ में जानकारी मिलती है। पारसनाथ की पहाड़ी को जैन धर्म का मक्का कहा गया है।जैनियों के 23वें तीर्थंकर पार्श्वनाथ का निर्वाण आठवीं शताब्दी से पूर्व में पारसनाथ पहाड़ पर ही हुआ था । वायु पुराण,महाभारत,मार्कंडेय पुराण, ऋग्वेद में झारखंड प्रदेश का वर्णन है।

गैर-धार्मिक साहित्य

झारखंड प्रदेश के इतिहास के संदर्भ में गैर धार्मिक साहित्य से भी महत्वपूर्ण जानकारी प्राप्त होती है। शम्स-ए-शिराज,अफीफ की तारीख-ए-फिरोजशाही, अबुल फजल का अकबरनामा एवं जहांगीरनामा, सलीम उल्ला की तारीख-ए -बंगाल,अहमद लाहौरी की पादशाहनामा, अब्बास खां शेरवानी की तारीख-ऐ-शेरशाही,मुंशी मिर्जा मोहम्मद काजिम की अलमगीरनामा, जहांगीर की आत्मकथा सियार-उल- मुतखरी,शाहबाज खान की तुजुक-ए-जहांगीरी,अब्दुल की माथिर-उल- उमरा,मिर्जा नाथन कि बहारिस्तान-ए -गैबो महत्वपूर्ण ऐतिहासिक स्रोत है।आलमगीर नामा से यह जानकारी प्राप्त होती है कि ,पलामू को जीतने

वाला पहला मुगल शासक औरंगजेब था। अहमद यादगार की तारीख-ऐ-शाही और तारीख-ए-दाऊदी से इस बात की जानकारी मिलती है कि झारखंड पर शेरशाह ने अपना अभियान चलाया था।निजामुद्दीन ख्वाजा की रचना तबकात-ए-अकबरी ,से भी झारखंड की जानकारी मिलती है।

इसके अतिरिक्त लैटिन साहित्य में एच.एस.जोसोन की रचना कैटलॉग्स पैटर्म एट इरेट्र सोसायटिसलेसु,जर्मन साहित्य की डॉ अल्फ्रेड नॉटरॉट की रचना द गौस्सनर मिशनअणटेल डेल्स कोल्स तथा फ्रेंच साहित्य में एस जे जोसन हेनरी की रचना, कबीर की रचनाओं और मलिक मुहम्मद जायसी की पद्मावत में भी झारखंड का वर्णन है।

लोकगीत

झारखंड के इतिहास के संदर्भ में संथाली, सदानी ,मुंडारी,कुड़ूख लोकगीतों से भी महत्वपूर्ण जानकारी प्राप्त होती है।लोकगीतों से तत्कालीन सामाजिक रीति-रिवाजों एवं महत्वपूर्ण घटनाओं के घटित होने तथा उसके प्रभाव के संदर्भ में जानकारी प्राप्त होती है।

वृतांत

झारखंड के इतिहास के संदर्भ में जे. के.वेबस्टर्स रिपोर्ट, एच.एलओलिकांट,अप्रैल1875 ई. ,सिताबराय का वृतांत, काउंसिल ऑफ रेवेन्यू पटना सितंबर ,1771 ई.और ओरिजिनल कंसल्टेशन जैसे वृतांतो का भी महत्वपूर्ण स्थान है। समुदाय,संस्थाएं एवं पत्राचार झारखंड के इतिहास के संदर्भ में एशियाटिक सोसाइटी ऑफ़ बंगाल, कंप्ट्रोलिंग काउंसिल ऑफ रेवेन्यू एट पटना, पॉलिटिकल ब्रांच फॉरेन डिपार्टमेंट ऑफ सिक्रेट ब्रांच, होम डिपार्टमेंट पब्लिक ब्रांच,प्रोसीडिंग्स कंप्ट्रोलिंग काउंसिल ऑफ रेवेन्यू एंड द काउंसिल ऑफ रेवेन्यू एट पटना प्रोसीडिंग्स गवर्नर जनरल इन काउंसिल फॉरेन डिपार्टमेंट ,कमिशनर ऑफिस के विभिन्न पत्राचार,कोर्ट ऑफ डायरेक्टर के पत्राचार,ब्रिटिश अधिकारी कैमेक,बसिटोट,विल्किंसन के पत्राचार,नई दिल्ली स्थित राष्ट्रीय अभिलेखागार,पटना स्थित बिहार केन्द्रीय अभिलेख कार्यालय ,कोलकाता स्थित राष्ट्रीय पुस्तकालय और राजकीय अभिलेखागार ,ईसाई मिशिनरियों के अभिलेख की पांडुलिपियाँ,छोटानागपुर कमिशनर के अभिलेखागार जैसे समुदाय और संस्थाएं भी महत्वपूर्ण जानकारी उपलब्ध कराती हैं।

विदेशी यात्रियों का विवरण

भारत में यूनानी,अफ्रीकी,चीनी,अरब यात्री समय समय पर आते रहे हैं।इनके द्वारा दिए गए यात्रा विवरण में भी झारखंड के संदर्भ में महत्वपूर्ण जानकारी

प्राप्त होती है।इनमें मुख्य रूप से मेगास्थनीज,फाह्यान ,व्हेनसांग,प्लूटार्क ,अलबरूनी,जॉन बैपटिस्ट,विलियम इरविन, निकालों,बर्नियर, पिल्नी, टॉलेमी उल्लेखनीय है।

झारखंड के ऐतिहासिक स्रोत ---महत्वपूर्ण स्मरणीय तथ्य

❖ ❖

2004 ई. में पुरातत्वविद श्री ओमकार नाथ चौहान के नेतृत्व में सारिदकेल में उत्खनन प्रारम्भ किया गया था।

❖ ❖

सारिदकेल में पके हुए ईंटों का प्रमाण मिला है।

❖ ❖

सारिदकेल में कई पिट पाये गये है जिनका प्रयोग लोहा गलाने वाले भट्टियों के रूप में किया जाता था।

❖ ❖

सारिदकेल में एक विशाल प्राचीर का प्रमाण मिला है जिसमें 41 x 26 x 7 सेंटीमीटर के ईंटों का प्रयोग किया गया है।

❖ ❖

सारिदकेल में प्राप्त मृदभांड प्रधानतः लाल रंग के है।

❖ ❖

सारिदकेल में लोहे के औज़ार,तांबे के हुक,सिक्के और छड़ ,मिट्टी के मुहर,मानव और पशु आकृतियां मिली है।

❖ ❖

सारिदकेल में चाल्स्डोनी अगेट और कार्नेलियन से निर्मित मनके प्राप्त हुए है।

❖ ❖

सारिदकेल में एक दो पैर का सीललोढ़ा मिला है।

❖ ❖

पुरापाषाण काल के औजार आकार में बड़े,वेढब और भारी है।

❖ ❖

पुरापाषाण काल में हथियार बनाने के लिए पत्थरों का प्रयोग किया जाता था।

❖ ❖

1991 ई में हजारीबाग के इस्को क्षेत्र के उत्खनन में चित्रकारी का एक नमूना पाषाण पर मिला है,जिसके द्वारा दो प्राकृतिक गुफाओं की जानकारी उपलब्ध होती है।

❖ ❖

भूल भुलैया वाली आकृति के अवशेष भी हजारीबाग के इस्को में प्राप्त हुए हैं।

❖ ❖

हजारीबाग से कुठार तथा खुरचिनी प्राप्त हुए हैं।

❖ ❖

हजारीबाग से ऐतिहासिक पुरातात्विक स्रोत के रूप में सत पहाड़ ,रहम,सरैया,देहांगी तथा रामगढ़ जिला के बड़कागांव,गोला ,बांसनगर ,कुसुमगढ़ ,परसाडीह,देसगार, मांडू ,रजरप्पा , बरागुंडा महत्वपूर्ण है।

❖ ❖

सर्वाधिक प्राचीन पाषाण उपकरण सिंहभूम से प्राप्त हुए हैं,जो लगभग एक लाख ई. पू .के हैं।

❖ ❖

पुरापाषाण काल के उपकरण एवं औजार धनबाद स्थित झरिया से भाला और पत्थर की कुल्हाड़ी तथा बोकारो से हस्तकुठार के रूप में प्राप्त हुए हैं।

❖ ❖

पलामू जिला के भीम चूल्हा से आदिमानव के पांव के अवशेष पत्थरो पर प्राप्त हुए हैं।

❖ ❖

पलामू जिले के बजना,शाहपुर,झाबर,रंका, कला,बालूगारा,नाकगढ़ पहाड़ी से भी पाषाण कालीन स्क्रैपर,ब्लेड और कुल्हाड़ी प्राप्त हुए हैं।

❖ ❖

पुरापाषाण काल के उपकरण में कोर,ब्लेड,और फ्लेक तीनों पाए गए हैं।

❖ ❖

खूंटी के बूरजू से स्लेटी पत्थर की छेनी प्राप्त हुई है।

❖ ❖

दुमका जिले के पहाड़पुर में गोमई नदी के तट पर एक स्फटिक का धारदार हथियार प्राप्त हुआ है।

❖ ❖

झारखंड आदि मानव का निवास स्थान रहा है।

❖ ❖

झारखंड में छोटा नागपुर का क्षेत्र जो गोंडवाना लैंड का भाग है को भारत की प्राचीनतम धरती होने का गौरव प्राप्त है।

❄ ❄

झारखंड की दामोदर, शंख, कोयल और स्वर्णरेखा नदी की घाटियों में आदि मानव का निवास स्थान रहा था।

❄ ❄

झारखंड की मिट्टी में अम्लीयता की मात्रा अधिक होने के कारण आदि मानव के अस्थि अवशेष गल जाने के कारण प्राप्त नहीं हुए हैं।

❄ ❄

गढ़वा जिला के भवनाथपुर से प्रागैतिहासिक कालीन शैलचित्र और प्राकृतिक गुफाओं के साक्ष्य प्राप्त हुए हैं।

❄ ❄

गढ़वा जिला के गुफाओं में हिरण,भैंसा जैसे पशु के चित्र प्राप्त हुए हैं।

❄ ❄

देवघर जिले से पुरा पाषाण कालीन उपकरण प्राप्त हुए हैं ,जो करण कोला जोर नदी के सतह पर प्राप्त हुए हैं।

❄ ❄

झारखंड में मध्य पाषाण काल की अवधि 9000 इ. पू. से 4000 ई.पू. के मध्य रही थी।

❄ ❄

झारखंड के रांची ,दुमका,पलामू,धनबाद,पश्चिमी व पूर्वी सिंहभूम से मध्य पाषाण कालीन मैक्रोलिथिक उपकरण प्राप्त हुए हैं।

❄ ❄

धनबाद के गंजायपहाड़ी क्षेत्र से मध्य पाषाण कालीन लघु उपकरण प्राप्त हुए हैं।

❄ ❄

पलामू जिले के महुदडं,भवनाथपुर तथा अंधारी पहाड़ से मध्य पाषाण काल के उपकरण प्राप्त हुए हैं।

❄ ❄

दुमका जिला के सूरजबेड़ा,बांदरकोला, भेलाडीह, अमरापाड़ा से मध्य पाषाण काल के उपकरण प्राप्त हुए हैं।

❄ ❄

रांची- खूंटी जिले के सोनाहातु ,चैनपुर ,डामरी, बामला से मध्य पाषाण काल के उपकरण प्राप्त हुए हैं।

❖ ❖

सिंहभूम जिले के जगन्नाथपुर ,घाटशिला ,चांडिल से मध्य पाषाण काल के उपकरण प्राप्त हुए हैं।

❖ ❖

मध्य पाषाण काल के पत्थर के औजार अर्धचंद्राकार और नुकीले है।

❖ ❖

बाग में एक अष्टभुजी देवी की प्रतिमा भी प्राप्त हुई है,जो एक सिंह पर विराजवान है।

❖ ❖

बाग में एक लेख मिला है जो ,अद्र्धबंग्ला नागरी लिपि में उत्कीर्ण है।

❖ ❖

बाग में मिले लेख की समानता बंगाल के शासक विजयसेन के देवपाड़ा प्रस्तुति लेख से की जा सकती है।

❖ ❖

1894 ई. में किल्हार्न ने दुमदुमा के समीप दूध पानी से प्राप्त आदिसिंह के आठवीं शताब्दी के अभिलेख को प्रकाशित किया था।

❖ ❖

दुमदुमा से उत्तर गुहाकालीन मंदिर के अवशेष प्राप्त हुए हैं।

❖ ❖

दुमदुमा में उत्खनन से यह निष्कर्ष निकाला गया है कि यह स्थान 8 वीं से 12वीं शताब्दी में पाल काल में एक महत्वपूर्ण स्थान रहा होगा।

❖ ❖

चौपाखा से16 किमी दक्षिण पश्चिम में मोहनी नदी के तट पर इटखोरी में तीन प्राचीन मंदिरों के अवशेष प्राप्त हुए हैं।

❖ ❖

पारसनाथ में पहाड़ी की चोटी पर कई जैन मंदिर मिले हैं जिनका निर्माण 18वीं से 19वीं शताब्दी में किया गया है।

❖ ❖

हजारीबाग से 50 किमी दूर महौंपी पेहाड़ी में 17वीं शताब्दी के चार छोटे-छोटे मंदिर मिले हैं।

❖ ❖

हजारीबाग से बड़कागांव के मार्ग पर बखरी नाम के स्थान पर उत्खनन से प्रस्तर के स्मृति चिन्ह प्राप्त हुए हैं।

❖❖

हंटरगंज से 10 किमी दक्षिण पश्चिम में कोलेश्वरी पहाड़ के कोलुआ पहाड़ पर जैन तीर्थकरो की मूर्तियां पत्थरों को काटकर बनाई गई है जिन्हें स्थानीय जनता के द्वारा दसावतार कहा गया है।

❖❖

कोलुआ पहाड़ पर पाई गई 10 मूर्तियों में से जहां पांच मूर्तियां बैठी हुई है वहीं अन्य पांच मूर्तियां खड़ी है।

❖❖

कोलुआ पहाड़ की मूर्तियों से थोड़ी दूर पर 10 जैन तीर्थकरों की मूर्तियां पदमानस की उत्कीर्ण की गई है।

❖❖

कोलुआ पहाड़ पर एक मध्यकालीन दुर्ग की चारदीवारी भी है ,जिसकी लंबाई और चौड़ाई 600मीटरX450मीटर है।

❖❖

इतिहासकारों ने इस दुर्ग के अवशेष को प्राचीन मदलपुरा नगर का अवशेष बताया है।

❖❖

देवपाल के नालंदा ताम्रपत्र जो 9वीं शताब्दी का है में पालामक का उल्लेख किया गया है जिसे इतिहासकारों ने पलामू माना है।

❖❖

उत्खनन से पलामू में दो किले मिले हैं एक नया किला तथा दूसरा पुराना किला।

❖❖

नए किले की लंबाई और चौड़ाई लगभग 250 मीटरX 100 मीटर है।

❖❖

पुराने किले से बुध की भूमि स्पर्श मुद्रा में एक मूर्ति जो 12वीं शताब्दी की है मिली है।

❖❖

पलामू में हुसैनाबाद से 8 किमी पूरब में अलीनगर का किला है ,जिसे स्थानीय जनता के द्वारा रोहिल्ला किला कहा जाता है।

❖ ❖

अलीनगर के किले की लंबाई और चौड़ाई क्रमशः 15 मीटरX13 मीटर है।इस किले की विशेषता यह है कि यह आयातकार बना हुआ है।

❖ ❖

पलामू में गढ़वा से 16 किमी दूर विश्रामपुर में पलामू के राजा जयकिशन राय के भाई नरपत राय के द्वारा 1750 ई में बनवाया गया एक गढ़ है।

❖ ❖

पलामू में डाल्टेनगंज शहर के सामने शाहपुर में 18 वीं शताब्दी में पलामू के राजा गोपाल राय ने एक अधूरे किले का निर्माण किया था।

❖ ❖

पलामू के महुआटांड़ में फादर डेहोन ने सेंट जोसेफ चर्च का निर्माण करवाया था,जिसकी लंबाई,चौड़ाई और ऊंचाई क्रमशः100 मीटर X 45 मीटर X 90 मीटर है।

❖ ❖

पलामू में नगर उटारी ग्राम में 17 वीं शताब्दी में भैया साहब द्वारा गढ़ का निर्माण कराया गया था तथा उनकी पत्नी शिवमुनि कुंवर द्वारा मंदिर का निर्माण करवाया गया था।

❖ ❖

इस मंदिर में वंशीधर की लगभग 21 क्विंटल की अष्टधातु की मूर्ति है। यह मूर्ति ग्राम मनौली से लाई गई थी।

❖ ❖

पलामू के पाटन प्रखंड से 9 किमी के दूर पर छेछौरी ग्राम में एक प्राचीन मंदिर है जिसे वहां के लोगों के द्वारा साधु मनर कहा जाता है।

❖ ❖

सिंहभूम जिला के लोटा पहाड़ स्थान से उत्खनन में पूर्व मध्य पाषाण कालीन बेधक,खुरचनी और बेफनी प्राप्त हुए हैं।

❖ ❖

सिंहभूम में बारूडीह से 3 किमी दूर डुगनी में नवपाषाण कालीन कुल्हाड़ी और मृदभांड मिले हैं।

❖ ❖

सिंहभूम में चांडिल के समीप नीमडीह में नवपाषाण काल की प्रस्तर की कुल्हाड़ी,हस्तनिर्मित मृदभांड और वलय प्रस्तर मिले हैं।

❖ ❖

सिंहभूम में हुगनी के समीप डोरा में नवपाषाण कालीन प्रस्तर की कुल्हाड़ी,लौहमल,सुक्ष्माश्म उपकरण,लाल तथा भूरे रंग के मृदभांड मिले हैं।

❖ ❖

सिंहभूम में चांडिल के समीप के क्षेत्रों में उत्खनन से तीर्थंकरों की मूर्तियां जिनमे आदिनाथ की मूर्ति भी है और नरसिंह की मूर्ति मिली है।

❖ ❖

सिंहभूम के स्वर्णरेखा नदी के तट पर बसे तुलसी में प्राचीन मंदिर के अवशेष और एक पुराना तालाब मिला हैं।इन अवशेषों को चांडिल बांध के शीश महल में रखा गया है।

❖ ❖

सिंहभूम जिले के बेलुसागर में एक प्राचीन तालाब के किनारे पर सातवीं से आठवीं शताब्दी की हिंदू और जैन देवी देवताओं की मूर्तियां पाई गई है।

❖ ❖

इस प्राचीन तालाब के दक्षिण पूर्व कोने पर एक गढ़ का अवशेष भी मिला है जो 300 मीटर X150 मीटर है।

❖ ❖

सिंहभूम जिले के स्वर्णरेखा नदी के तट पर स्थित श्यामसुन्दरपुर में एक मंदिर मिला है जिस के प्रवेशद्वार की दीवार पर पक्की मिट्टी के ईंटों पर कृष्ण लीला के दृश्य उत्कीर्ण है।

❖ ❖

सिंहभूम जिले के बहरागांव प्रखंड में स्वर्णरेखा नदी के तट पर बसे गुहिया पाल में 10वीं और 11वीं शताब्दी के शिव पार्वती,रेवती की मूर्तियां तथा शिवलिंग पाया गया है।

❖ ❖

रांची के कोनोलको से लघु पाषाण उपकरण प्राप्त हुए हैं।

❖ ❖

रांची जिला में भल्ला ऊंगरी से लघु पाषाण उपकरण प्राप्त हुए हैं।

❖ ❖

रांची जिला के अजमेरा से उच्च पुरापाषाण उपकरण और लघु पाषाण उपकरण प्राप्त हुए हैं।

❖ ❖

रांची में नेतरहाट के समीप चिपड़ी नाम के स्थान से उच्च पुरा पाषाण उपकरण प्राप्त हुए हैं।

❖❖

रांची के सरद केल स्थान से लघु पाषाण उपकरण मिले हैं।

❖❖

एस.सी.राय को रांची के बिन्दा नाम के स्थान से पत्थर की रूखानी और कुल्हाड़ी मिली है।

❖❖

रांची के चाचोनावा टोली नाम के स्थान से पॉलिशदार पत्थर की कुल्हाड़ी मिली है।

❖❖

रांची में चेनेगुटू नाम के स्थान से पत्थर की रूखानी प्राप्त हुई है।

❖❖

1916 ई.में एस.सी.राय को रांची के पंगुरा नाम के स्थान से पत्थर की रूखानी प्राप्त हुई थी।

❖❖

1916 ई. में रांची के सोपारण में एस.सी.राय को पत्थर की कुल्हाड़ी और रूखानी प्राप्त हुई है।

❖❖

रांची के तोरंगखेल नाम के स्थान से एक पत्थर की कुल्हाड़ी मिली है, जिसे पटना संग्रहालय में रखा गया है।

❖❖

रांची के सल्गी नाम के स्थान से पत्थर की एक रूखानी प्राप्त हुई है, जिसे पटना संग्रहालय में रखा गया है।

❖❖

खूंटी से 100 किमी दूर इते गांव से एस.सी.राय को पत्थर की कुल्हाड़ी मिली है।

❖❖

1915 ई. में एस.सी.राय ने पाण्डु का निरीक्षण किया था।पाण्डु को स्थानीय लोग असुर स्थल तथा ईटा दौरा भी कहते हैं।

❖❖

1915 ई. में एस.सी.राय ने खूंटी से 10 किमी दूर सारिदकेल नाम के स्थान जिसके नजदीक रंजन नदी बहती है का निरीक्षण किया था।यहां से प्राचीन ईंट के टुकड़े,सोने के कंगन तथा पत्थर के मनके प्राप्त हुए है।

❖ ❖

मभगांव जो गुमला से 90 किमी दूर स्थित है यहां टांगीनाथ पहाड़ी पर प्राचीन मंदिर के अवशेष और मूर्तियों को सबसे पहले श्री चुन्नीलाल ने देखा था।

❖ ❖

रांची के समीप चुरिया में चारदीवारी से घिरा हुआ एक प्राचीन मंदिर मिला है ,इस मंदिर के उत्तरी दीवार पर विक्रम संवत 1784 का एक अभिलेख मिला है।

❖ ❖

रांची से 10 किमी दूर जगन्नाथपुर में उड़ीसा के पुरी स्थित जगन्नाथ मंदिर की तरह का एक मंदिर पहाड़ी पर छोटा नागपुर के नागवंशी राजा ठाकुर एनीशाह के द्वारा बनाया गया था।

❖ ❖

1944 ई. में ए.घोष ने खूंटी से 10 किमी दूर सारिदकेल जगह का निरीक्षण किया था और उन्हें वहां एक विस्तृत असुर स्थल मिला था।

❖ ❖

पूर्वी सिंहभूम से भी बुद्ध की प्रतिमा भुला ग्राम से प्राप्त हुई है।

❖ ❖

चतरा जिले के इटखोरी के नामकरण के संदर्भ में एक मत यह है कि यह नामकरण गौतम बुध की विमाता प्रजापति गौतमी के कारण हुआ था ,जिसका अर्थ है यहां मैंने अपने पुत्र को खो दिया।

❖ ❖

धनबाद में दालमी,बुद्धपुर और पकबीरा के बौद्ध स्मारक को पूर्व मध्यकाल का माना गया है।

❖ ❖

भगवत पुराण में कहा गया है कि कलयुग का प्रारंभ होगा तब किक्कटो के बीच अंजन का पुत्र बुद्ध का जन्म असुरों को नष्ट करने के लिए होगा।

❖ ❖

मध्य पाषाण कालीन संस्कृति के पाषाण उपकरण गढ़वा जिले के नाकगढ़,बालूगारा ,हाथीगाय ,भवनाथपुर और झरवार से प्राप्त हुए हैं।

❖ ❖

मध्य पाषाण कालीन में जानवरों की हड्डियों का प्रयोग हथियार के रूप में प्रारंभ हो गया था।

❖ ❖

झारखंड में नवपाषाण काल की संस्कृति 3000 ई. पू.से 1500 ई. पू.तक रही थी।

❖ ❖

झारखंड के चाईबासा में चक्रधरपुर के नजदीक स्थित संजय नदी घाटी में नवपाषाण कालीन चाकू की आकृति के धारदार पत्थर मिले हैं।

❖ ❖

बारूडीह से पालिशदार प्रस्तर की छेनी, कुल्हाड़ी और कुदाल प्राप्त हुए हैं।

❖ ❖

पूर्वी सिंहभूम के सुवर्णरेखा-खरकई के संगम पर नवपाषाण कालीन साक्ष्य प्राप्त हुए हैं।

❖ ❖

प्रसिद्ध पुरातत्ववेता बोरमैन के द्वारा नवपाषाण काल के 12 प्रकार के हस्तकुठारो की खोज की गई है, जिसका वर्णन उन्होंने अपनी पुस्तक ''द निरयोलिथिक पैटर्न इन द प्री हिस्ट्री ऑफ इंडिया'' में दिया है।

❖ ❖

इतिहासकार झारखंड क्षेत्र में नवपाषाण संस्कृति के दो चरण को स्वीकार करते हैं। ,

❖ ❖

झारखंड क्षेत्र में नवपाषाण संस्कृति का प्रथम चरण 3000 ई .पू.के आसपास था,वहीं द्वितीय चरण 1500ई. पू. में था।

❖ ❖

नवपाषाण कालीन संस्कृति के द्वितीय चरण में ही झारखंड में मुंडा जनजाति या प्रोटो-ऑस्ट्रेलॉयड प्रजाति का आगमन हुआ था।

❖ ❖

झारखंड में नवपाषाण कालीन उपकरण एवं औजार मुख्य रूप से बुरहादी, बुरजू, रारू नदी के पास मिले है,जो चाईबासा में स्थित है।

❖ ❖

बुरुहातू में स्लेटी पत्थर की पॉलिशदार छेनी, प्रस्तर ,चाकू ,स्लेट पत्थर की छेनी प्राप्त हुए हैं।

❖ ❖

झारखंड के नवपाषाण कालीन औजार और उपकरण तीक्ष्ण और दोनों और से नुकीले है।

❖ ❖

झारखंड में पाए गए नवपाषाण कालीन औजार पुरापाषाण काल एवं मध्य पाषाण काल के औज़ारों से अधिक नुकीले एवं धारदार है।

❖ ❖

नवपाषाण काल में हड्डियों का उपयोग हथियार के रूप में अधिकता से किए जाने के प्रमाण मिले हैं।

❖ ❖

नवपाषाण कालीन मृदभांड के टुकड़े ,पक्की मिट्टी के मटके, वलय, पत्थर की हथौड़ी, हड्डियों के हथियार ,तीक्ष्ण धार वाले पत्थर बारूडीह के संजय एवं सोननाला के संगम पर उत्खनन से प्राप्त हुए हैं।

❖ ❖

बुरहादी गांव से नवपाषाण कालीन पत्थर का सेल्ट 1870 ई में मिला है।

❖ ❖

नवपाषाण कालीन क्वार्टज पोलिश छेनी और स्लेटी पत्थर की छेनी एस सी राय को मिली है।

❖ ❖

1868 ई.में चाईबासा के रोरो नदी के तट पर नवपाषाण कालीन प्रस्तर हथियार कप्तान विचिंग को मिले हैं,जिसमें मुख्य रूप से चाकू प्राप्त हुए हैं।

❖ ❖

दरगामा में 1915 ई. में नवपाषाण कालीन 5 सेल्ट प्राप्त हुए हैं।

❖ ❖

धनबाद स्थित झरिया में नवपाषाण कालीन पत्थर की कुल्हाड़ी और भाले मिले है।

❖ ❖

नवपाषाण कालीन पांच पत्थरो की हथौड़ी बोनगश के नजदीक बानाघाघ से मिली है।

❖ ❖

झारखंड के गुमला जिले के बसिया प्रखंड से ताम्र पाषाण कालीन तांबे की कुल्हाड़ी एवं तांबे के सेल्ट्स मिले है।

❖❖

रांची जिले के नामकुम से ताम्र पाषाण कालीन लोहे के औजार , बाण के फलक तथा तांबे के कंगन मिले हैं।

❖❖

लोहरदगा जिले में उत्खनन से कांस्य के प्याले प्राप्त हुए हैं।

❖❖

झारखंड के दरगामा गांव, बसिया में तांबा एवं लोहे की आरी, तांबे की सेल्ट और तांबे की कुल्हाड़ी मिली है।

❖❖

झारखंड की असुर जनजातियों के द्वारा धातु कर्म का कार्य किया जाता था।

❖❖

उत्खनन में पांडु में मिट्टी के कलश, तांबे के औजार और ईंट की दीवार प्राप्त हुई है।

❖❖

उत्खनन से पांडु में पत्थर की पट्टी और चार पाए वाली पत्थर की चौकी प्राप्त हुई है जो आज पटना संग्रहालय में रखी गई है।

❖❖

मुरद से कांस्य की अंगूठी और तांबे की सिकड़ी प्राप्त हुई है।

❖❖

सिंहभूम एवं मानभूम से ताम्र से निर्मित वस्तुएं मिली हैं।

❖❖

झारखंड के हजारीबाग जिले के बारहगड़ा गांव में 48 ताम्र की खदानें मिली है।

❖❖

लुपुंगाडीह में प्राचीन कब्रगाह के अंदर पत्थर के मनके, हड्डियों के अवशेष के साथ तांबे एवं कांस्य के आभूषण भी मिले हैं।

❖❖

उत्खनन में तांबे की खदानें राजदोहा में भी मिले है।

❖❖

उत्खनन से नामकुम में लोहे के औजार, बाण के फलक और तांबे के कंगन मिले है।

❖❖

रांची लोहरदगा और चैनपुर में ईंटों से निर्मित प्राचीन भवन ,अस्थिकला ,प्राचीन पोखर मिले है।

❖ ❖

अशोक के13वें शिलालेख से आटविक क्षेत्र की जानकारी मिलती है,जिसमें झारखंड सम्मिलित रहा था।

❖ ❖

अशोक के दूसरे शिलालेख से इस बात की जानकारी प्राप्त होती है ,कि आटविक क्षेत्र की जनजातियों को रक्षित के नेतृत्व में धम्म प्रचारक मंडली के द्वारा धम्म की शिक्षा दी जा रही थी।

❖ ❖

समुद्रगुप्त के प्रयाग प्रशस्ति अभिलेख में मुरुंड देश के रुप में झारखंड का उल्लेख है।

❖ ❖

झारखंड के पलामू जिले से मान राजाओं से संबंधित गहड़वालों के शिलालेख मिले हैं।

❖ ❖

झारखंड के हजारीबाग जिले में बराकर नदी घाटी के दूध पानी में 1894 ई में आठवीं शताब्दी के अभिलेख प्राप्त हुए हैं।

❖ ❖

कवि गंगाधर का प्रस्तर अभिलेख गोविंदपुर में मिला है, जिससे हमें हजारीबाग एवं धनबाद के मान राजाओं के विषय में जानकारी प्राप्त होती है।

❖ ❖

झारखंड के हजारीबाग जिले के इटखोरी के भद्रकाली मंदिर की मूर्ति के नीचे खुदे अभिलेख से प्रतिहार शासक महेंद्र पाल की जानकारी प्राप्त हुई है।

❖ ❖

1662 ई. में दाऊद खान द्वारा बनाए गए मस्जिद पलामू जिले के पुराने किले में मिले हैं।

❖ ❖

झारखंड के गुमला जिले के घाघरा प्रखंड में हापामुनी मंदिर में अभिलेख मिले हैं।

❖ ❖

नरसिंह देव द्वितीय के ताम्रपत्र में झारखंड की जानकारी प्राप्त होती है।

❖ ❖

झारखंड के रांची जिले के बोडेया गांव से सन 1727 ई. में मंदिर के अभिलेख प्राप्त हुए हैं।

❖ ❖

सरगुजा के सीता-बागीरा से अशोक के समय के अभिलेख प्राप्त हुए हैं।

❖ ❖

5वीं शताब्दी का एक अभिलेख सिंहभूम के बेनुसागर से प्राप्त हुआ है, जिससे तत्कालीन वैदिक अध्ययन केंद्र का पता चलता है।

❖ ❖

पाल शासक रामपाल के बारे में तपोवन के गुफा अभिलेख से जानकारी प्राप्त होती है।

❖ ❖

विष्णुगुप्त के कौलेश्वरी पर्वत शिलालेख से यह जानकारी प्राप्त होती है कि सातवीं ,आठवीं शताब्दी में मगध गुप्त वंश के नियंत्रण में रहा था।

❖ ❖

विष्णुगुप्त के कौलेश्वरी पर्वत शिलालेख से सामंतीय शासन प्रणाली की जानकारी प्राप्त होती है।

❖ ❖

कौलेश्वरी पहाड़ तत्कालीन सिख धर्म का केंद्र रहा था तथा ऐसा विश्वास किया जाता है कि सिक्ख धर्म के गुरु नानक जी इस स्थान पर रुके थे।

❖ ❖

रांची और लोहरदगा जिले से प्राप्त अभिलेखों से झारखंड में मराठा प्रभाव की जानकारी प्राप्त होती है।

❖ ❖

झारखंड का बंगाल पर प्रभाव रहा था ,इसकी जानकारी 11वीं सदी के घोड़मारा अभिलेख की साम्यता सेनवंशी अभिलेख देवपाड़ा से होने के कारण प्राप्त होती है।

❖ ❖

खरवार शासक प्रताप ध्वल के बारे में पलामू से प्राप्त फुलवारी और ताराचंडी अभिलेख तथा औरंगाबाद का तिलौथु अभिलेख से जानकारी प्राप्त होती है।

❖ ❖

झारखंड में लगभग 90 से अधिक अभिलेख प्राप्त हो चुके हैं।

❖ ❖

झारखंड में प्राप्त अभिलेखों की भाषा संस्कृत और लिपि गुप्तकालीन ब्राह्मी ,नागरी और बांग्ला है।

❖ ❖

झारखंड में प्राप्त अधिकांश अभिलेख मूर्तियों और शिलापट्ट पर लिखे गए हैं।

❖ ❖

झारखंड के संदर्भ में भागवत पुराण से जानकारी प्राप्त होती है।

❖ ❖

भगवत पुराण में झारखंड प्रदेश को किक्कट प्रदेश के नाम से संबोधित किया गया है।

❖ ❖

झारखंड क्षेत्र को ऋगवैदिक काल में किक्कट नाम से संबोधित किया गया है।

❖ ❖

ऐतरेय ब्राह्मण में झारखंड को पुण्ड कह कर संबोधित किया गया है।

❖ ❖

ऋग्वेद में झारखंड को किकट प्रदेश कहा गया है।

❖ ❖

अर्थव वेद में झारखंड को व्रात्य प्रदेश कहा गया है।

❖ ❖

वायु पुराण में झारखंड को मुरन्ड कहा गया है।

❖ ❖

विष्णु पुराण में झारखंड को मुंड कहा गया है।

❖ ❖

विष्णु पुराण के खंड 4,24,18 में झारखंड को पुण्डरीक प्रदेश कह कर वर्णन किया गया है।

❖ ❖

महाभारत के दिग्विजय पर्व में झारखंड को पुंडरीक, पशुभूमि ,कर्क खंड, अर्क खंड कह कर संबोधित किया गया है।

❖ ❖

झारखंड प्रदेश कर्ण के दिग्विजय के समय अर्कखंड कहा जाता था।

❖ ❖

झारखंड क्षेत्र की का वर्णन ऋग्वेद कि शलोक संख्या 3,53 और 14 में है।

❖ ❖

झारखंड की जनजाति चेरों से संबंधित वर्णन ऐतरेय ब्राह्मण के खंड 2.9.9 में दिया गया है।

❖ ❖

अथर्ववेद के समय कीकट प्रदेश मगध, अंग, बंग, पुंड्र, कलिंग तथा अन्य राज्यों में विभाजित हो गया था।

❖ ❖

झारखंड प्रदेश के निवासियों का वर्णन हमें अथर्ववेद के ब्रात्य कांड में मिलता है।

❖ ❖

बौद्ध एवं जैन धार्मिक साहित्य से भी झारखंड प्रदेश की जानकारी प्राप्त होती है।

❖ ❖

जैन ग्रंथों में भगवान महावीर के लोरे-ए-यदगा की यात्रा का वर्णन है, मुंडारी में जिसका अर्थ आंसुओं की नदी होता है।

❖ ❖

जैन ग्रंथों से हमें जैन धर्म के 24 तीर्थंकरो में से 20 तीर्थंकर के पारसनाथ की पहाड़ी पर निर्वाण के संदर्भ में जानकारी मिलती है।

❖ ❖

पारसनाथ की पहाड़ी को जैन धर्म का मक्का कहा गया है।

❖ ❖

जैनियों के 23वें तीर्थंकर पार्श्वनाथ का निर्वाण आठवीं शताब्दी के पूर्व में पारसनाथ पहाड़ पर ही हुआ था।

❖ ❖

वायु पुराण,महाभारत,मार्कंडेय पुराण,ऋग्वेद में झारखंड प्रदेश का वर्णन है।

❖ ❖

अफीफ की तारीख-ए-फिरोजशाही में झारखंड प्रदेश का वर्णन है।

❖ ❖

अबुल फजल का अकबरनामा एवं जहांगीरनामा में झारखंड प्रदेश का वर्णन है।

❖ ❖

सलीम उल्ला की तारीख-ए -बंगाल में झारखंड प्रदेश का वर्णन है।

❖ ❖

अहमद लाहौरी की पादशाहनामा में झारखंड प्रदेश का वर्णन है।

❖❖

अब्बास खां शेरवानी की तारीख-ऐ-शेरशाही में झारखंड प्रदेश का वर्णन है।

❖❖

मुंशी मिर्जा मोहम्मद काजिम की अलमगीरनामा में झारखंड प्रदेश का वर्णन है।

❖❖

जहांगीर की आत्मकथा सियार-उल-मुतखरी में झारखंड प्रदेश का वर्णन है।

❖❖

शाहबाज खान की तुजुक-ए-जहांगीरी में झारखंड प्रदेश का वर्णन है।

❖❖

अब्दुल की माथिर-उल- उमरा में झारखंड प्रदेश का वर्णन है।

❖❖

मिर्जा नाथन कि बहारिस्तान-ए-गैबो में झारखंड प्रदेश का वर्णन है।

❖❖

आलमगीर नामा से यह जानकारी प्राप्त होती है कि पलामू को जीतने वाला पहला मुगल शासक औरंगजेब था।

❖❖

अहमद यादगार की तारीख-ऐ -शाही और तारीख -ए -दाऊदी से इस बात की जानकारी मिलती है कि झारखंड पर शेरशाह ने अपना अभियान चलाया था।

❖❖

निजामुद्दीन ख्वाजा की रचना तबकात-ए-अकबरी से झारखंड की जानकारी मिलती है।

❖❖

लैटिन साहित्य में एच.एस.जोसोन की रचना कैटलॉग्स पैट्रम एट इरेट्र सोसायटिसलेसु में झारखंड का वर्णन है।

❖❖

कबीर की रचनाओं और मलिक मुहम्मद जायसी की पद्मावत में झारखंड का वर्णन है।

❖❖

जे.के.वेबस्टर्स रिपोर्ट में झारखंड का वर्णन है।

❖❖

एच.एल.ओलिकांट,अप्रैल 1875 ई. में झारखंड का वर्णन है।

❖ ❖

सिताबराय के वृतांत में झारखंड का वर्णन है।

❖ ❖

काउंसिल ऑफ रेवेन्यू पटना सितंबर1771 ई. में झारखंड का वर्णन है।

❖ ❖

ओरिजिनल कंसल्टेशन में झारखंड का वर्णन है।

❖ ❖

एशियाटिक सोसाइटी ऑफ़ बंगाल में झारखंड का वर्णन है।

❖ ❖

कंपट्रोलिंग काउंसिल ऑफ रेवेन्यू एट पटना में झारखंड का वर्णन है।

❖ ❖

होम डिपार्टमेंट पब्लिक ब्रांच में झारखंड का वर्णन है।

❖ ❖

कंपट्रोलिंग काउंसिल ऑफ रेवेन्यू एंड द काउंसिल ऑफ रेवेन्यू एट पटना में झारखंड का वर्णन है।

❖ ❖

इन काउंसिल फॉरेन डिपार्टमेंट में झारखंड का वर्णन है।

❖ ❖

मेगास्थनीज की इंडिका में झारखंड का वर्णन है।

❖ ❖

मेगास्थनीज़ ने सरायकेला -खरसवां के किचुंग परगना में मीदो - गेब्रेगोड़ जनजाति का उल्लेख किया है।

❖ ❖

फाह्यान के फ़ो -को -क्वी में झारखंड का वर्णन कुक्कुट-लाड कहकर किया गया है।

❖ ❖

ह्वेनसांग के सी -यू -की में छोटानागपुर के पठार का वर्णन है।

❖ ❖

झारखंड को ह्वेनसांग ने किलो -ना -सु - फा -लाना कहा है,जिसका अर्थ कर्ण -सुवर्ण होता है।

❖ ❖

ह्वेनसांग ने राजमहल क्षेत्र का उल्लेख कि -चिंग -कोई -लो के नाम से किया है।

❖ ❖

कैप्टन टैनर के सर्वेक्षण के आधार पर दामिन -ए --कोह की स्थापना हुई थी।

❖ ❖

प्लूटार्क ,ने झारखंड का वर्णन किया है।

❖ ❖

अलबरूनी की तहक़ीक़ -उल -हिन्द में झारखंड का वर्णन है।

❖ ❖

जॉन बैपटिस्ट ने झारखंड का वर्णन किया है।

❖ ❖

विलियम इरविन ने झारखंड का वर्णन किया है।

❖ ❖

बर्नियर ने झारखंड का वर्णन किया है।

❖ ❖

पिल्नी ने द नेचुरल हिस्ट्री में झारखंड का वर्णन किया है।

❖ ❖

पिल्नी ने मुंडा के लिए मोनोडेस तथा सबर समुदाय के लिए सुआरी शब्द का प्रयोग किया है।

❖ ❖

झारखंड को जनजातियों की अधिकता के कारण कर्कखण्ड कहा जाता था।

❖ ❖

1765 से 1833 ई. तक झारखंड प्रदेश के लिए अंग्रेजो ने छोटानागपुर नाम का प्रयोग किया था।

❖ ❖

संथाल परगना का प्राचीनतम नाम नरीखंड था।

❖ ❖

टॉलमी ने झारखंड का वर्णन किया है।उसने मुंडा के लिए मुडाला और सबर के लिए सूत्रराई शब्द का प्रयोग किया है।

❖ ❖

टॉलमी ने खरसावां के लिए करतसिना शब्द का प्रयोग किया है।

❖ ❖

टॉलमी की पुस्तक का नाम ,भारत का भूगोल है ।

❖ ❖

फ्रांसीसी यात्री बुकनान ने वाराणसी से बीरभूम के क्षेत्र को झारखंड कहा है।

❖ ❖

भारत के पुरातत्त्व निर्देशालय के द्वारा सिंहभूम जिला में लोटा स्थान में उत्खनन किया गया है।

❖ ❖

पुरापाषाण काल 25 लाख ई.पू. से 10 हजार ई. पू. का रहा है।

❖ ❖

मध्यपाषाण काल 10 हजार ई.पू. से 4 हजार ई.पू. का रहा है।

❖ ❖

नवपाषाण काल 10 हजार ई.पू. से 1 हजार ई. पू. का रहा है।

❖ ❖

ताम्रपाषण काल 4 हजार ई. पू. से 1 हजार ई. पू. का रहा है।

❖ ❖

झारखंड में प्राप्त हस्तकुठार आकृति में गोल है।

❖ ❖

आदि मानव का जीवन द्वितीय अन्तः ग्लेश्वर युग में प्रारम्भ हुआ था।

❖ ❖

द्वितीय अन्तः ग्लेश्वर युग [Second Inter Glacial Age] का प्रारम्भ लगभग डेढ़ से दो लाख वर्ष पहले हुआ होगा।

❖ ❖

झारखंड में पूर्व पाषाणकाल में लोग शिकार कर भोजन प्राप्त करते थे।

❖ ❖

जॉन लुब्बक ने सबसे पहले 1834 ई. में पाषाणकाल को पुरापाषाण काल और नवपाषाण काल में विभाजित किया था।

❖ ❖

मध्य पुरापाषाण काल को फलक - ब्लेड - स्क्रेपर ,संस्कृति भी कहा जाता है।

❖ ❖

असुर जनजाति की नवयुवतियाँ पुतली नाम का वस्त्र पहनती थी।

❖ ❖

असुर जनजाति के घरों में बरामदा का निर्माण निश्चित रूप से किया जाता था।

❖ ❖

असुर जनजाति में वस्तु विनिमय की प्रथा रही थी।

❖ ❖

चूटू हाइम के नाम पर चुटिया का नामकरण हुआ था।

❖ ❖

खूँटी जिला के बेलवादाग में बौद्ध विहार के अवशेष मिले है।

❖ ❖

1802 या 1812 ई. में झारखंड के राँची क्षेत्र को छोटानागपुर या नागपुर कहा जाता था।

❖ ❖

कर्कखण्ड नागों की भूमि रही थी, जिसे बाद में कुकरा नाम दिया गया।

❖ ❖

धनबाद के दियापुर -दालमी में बौद्ध स्मारक मिले है।

❖ ❖

डी.एच.संडर ने 1890 ई. के अपने सेटेलमेंट रिपोर्ट में पलामू शब्द का सम्बन्ध पलाना अथवा पाली जाति से बताया है।

❖ ❖

जमशेदपुर के पटम्बा गाँव में बुद्ध भगवान की दो प्रतिमा मिली है।

❖ ❖

घोलमारा में बुद्ध भगवान की एक खण्डित प्रतिमा मिली है।

❖ ❖

गुमला के कटुँगा गाँव में बुद्ध भगवान की एक प्रतिमा मिली है।

❖ ❖

मू का अर्थ सदानी भाषा में मर गया होता है।

❖ ❖

पलामू के हनुमान्ड गाँव में जैन धर्म के पूजास्थल मिले है।

❖ ❖

हजारीबाग शहर में पहले हजारी नाम का एक गावँ था जहां एक विशाल बागीचा था।

❖ ❖

पलामू के मुर्तिया गाँव से एक सिंह शीर्ष मिला है,जो सांची स्तूप के द्वार पर उत्कीर्ण सिंह के समान है।

❖ ❖

बौद्ध देवी तारा की मूर्ति सरायकेला -खरसावां के इंचागढ़ में मिली है ,जिसे राँची संग्रहालय में रखा गया है।

❖ ❖

बोनगश के पास नवपाषाणकालीन पाँच पत्थरों की हथौड़ी मिली है।

❖ ❖

राँची के बोड़ेया गाँव में 1727 ई.के मंदिर मिले है।

❖ ❖

महेन्द्रपाल के शिलालेख हजारीबाग के इटखोरी में मिले है।

❖ ❖

1662 ई.में पलामू किले में दाऊद खान के द्वारा बनवाये गये मस्जिद मिले है।

❖ ❖

18 वी शताब्दी में राजा गोपाल राय द्वारा बनवाया गया अधूरे किले का अवशेष डाल्टनगंज में मिला है।

❖ ❖

चंदवा में उग्रतारा मन्दिर और रोहितास किला मिला है।

❖ ❖

''मुण्डा एंड देयर कन्ट्री'' ,पुस्तक के लेखक एस. सी.राय है।

❖ ❖

नवपाषाणकालीन औजार क्वार्ट्ज पत्थरों से बने है।

❖ ❖

ए.टोपो ने लुटकुम हड़म और लुटकुम बुढ़ी को मुण्डाओं का प्रथम पूर्वज बताया है।

❖ ❖

मुण्डाओं का अत्यन्त प्राचीन नाम होरोक है।

❖ ❖

पुरापाषाण काल में लोग अग्नि से परिचित थे।

❖ ❖

नवपाषाणकाल में पशुओं को लोगों के द्वारा पालतू बनाया जाने लगा था।

❖ ❖

ग्रामीण अधिवास झारखण्ड में नवपाषाणकाल में प्रारम्भ हो गया था।

❖ ❖

बेंगलर महोदय ने बंगाल और झारखण्ड की सीमा की पर स्थित लाथोनटोंगरी पहाड़ पर चैत्य की खोज की है।

❖ ❖

1919 ई. में ए.शास्त्री ने बाग नाम के स्थान में एक काले पत्थर से निर्मित बुद्ध भगवान की मूर्ति की खोज की है।

❖ ❖

मुण्डा जनजाति महाभारत युद्ध में कौरव की सेना में शामिल रही थी।

❖ ❖

लकड़ी के हत्थे का प्रयोग झारखंड में मध्यपाषाण काल में होने लगा था।

❖ ❖

झारखंड में प्रयोग की जाने वाली प्रथम धातु तांबा थी।

❖ ❖

आचारांगसूत्र में भगवान महावीर के लाघ क्षेत्र के भ्रमण का उल्लेख है।

❖ ❖

सोलह जनपदों में सबसे शक्तिशाली महाजनपद मगध को कीकट कहा गया है।

❖ ❖

कौटिल्य के अर्थशास्त्र में इन्द्रवाहक नदी में हीरा मिलने का उल्लेख है।

❖ ❖

विष्णु पुराण के 15-28 -32 में असुरों को ब्रह्म की प्रथम उत्पत्ति बताया गया है।

❖ ❖

ऐतरेय उपनिषद 6-2 में बताया गया है कि संपूर्ण धरती लोक असुरों के अधीन था।

❖ ❖

सीतागढ़ पहाड़ ,हजारीबाग में बुद्ध भगवान की चार आकृतियों वाला स्तूप मिला है।

❖ ❖

लातेहार के पलामू किला में बुद्ध भगवान की स्पर्श मुद्रा में एक मूर्ति मिली है।

❖ ❖

चतरा जिले के कोल्हुआ पहाड़ में नौ सर्पक्षत्रोयुक्त जैन तीर्थकरों की प्रतिमा मिली है।

❖ ❖

कब्रगाह के अवशेष झारखंड के हजारीबाग जिले के लूपगढ़ी से मिले है।

❖ ❖

झारखंड में पूर्व पुरापाषाण काल के सबसे प्राचीन अवशेष मिले है।

❖ ❖

मान-वर्जिका का अर्थ होता है,शिष्टाचार रहित लोग।

❖ ❖

असुर जनजाति ने कांस्ययुगीन औजारों का पहली बार निर्माण किया था।

❖ ❖

इस्को हजारीबाग में नक्षत्रमंडल,अंतरिक्ष मानव और यान के चित्र मिले है।

❖ ❖

छिन्नमस्तिके शक्तिपीठ की स्थापना रजरप्पा में की गई थी।

❖ ❖

इतिहासकारों का यह मानना है कि छिन्नमस्तिके बौद्ध वज्रयोगिनी का एक रूप है।

❖ ❖

हजारीबाग के सीतागढ़ पहाड़ से बौद्ध मठ के अवशेष मिले है।

❖ ❖

गढ़वा के भवनाथपुर से आखेट के चित्र मिले है।

❖ ❖

चतरा के इटखोरी में कोठेश्वरनाथ का स्तूप है।

❖ ❖

कोठेश्वरनाथ के स्तूप में भगवान बुद्ध की 108 आकृतियां उत्कीर्ण है।

❖ ❖

सिंहभूम के बेनूसागर से सातवीं शताब्दी की जैन मुर्तिया मिली है।

❖ ❖

हजारीबाग के इस्को से खुला सूर्य मंदिर के अवशेष मिले है।

❖ ❖

हजारीबाग के इस्को में शैल चित्र दीर्घा के अवशेष मिले है।

❖❖

झारखंड में रांची मूरी रेल मार्ग पर गौतम धारा स्टेशन हैं।

❖❖

जोन्हा जलप्रपात तक जाने वाले मार्ग पर भगवान बुद्ध की प्रतिमा प्राप्त हुई है।

❖❖

7वीं सदी की चार दुर्लभ प्रतिमाएं भद्रकाली मंदिर इटखोरी से प्राप्त हुई है,जिसमें भगवान बुद्ध की विभिन्न मुद्राओं को प्रदर्शित किया गया है।

❖❖

इन प्रतिमाओं में भगवान बुद्ध को मुस्कुराते हुए तपस्या में लीन दिखाया गया है।

❖❖

इटखोरी से प्राप्त एक प्रतिमा में भगवान बुद्ध मुकुट पहने हुए दिखाए गए हैं।

❖❖

इटखोरी से प्राप्त दूसरे प्रतिमा में भगवान बुद्ध मुकुट पहनकर हाथ जोड़कर तपस्या में लीन है।

❖❖

इटखोरी से प्राप्त भगवान बुद्ध की विभिन्न मुद्राओं कि यह प्रतिमाएं पाल युग से पूर्व कनिष्क से लेकर हर्षवर्धन काल की है।

❖❖

गौतम बुद्ध की अंतिम यात्रा का मार्ग अस्तिवन से कुशीनगर को लातेहार से सतबरवा रहा था।

❖❖

बुद्धपुर में पहाड़ी ढलान पर ध्वस्त स्थिति में एक बुद्धेश्वर मंदिर भी प्राप्त हुआ है।

❖❖

बेंगलर ने स्पष्ट किया है कि गौतम बुद्ध के बुद्धकालीन अवशेष 10वीं शताब्दी के है।

❖❖

पहाड़िया जनजाति को ही सबर जनजाति कहा गया है।

❖❖

वैदिक साहित्य में प्रयुक्त असुर शब्द सम्भवतः झारखण्ड जनजातियों के लिए ही था।

❖ ❖

झारखण्ड में हजारों वर्ष पुराने मेगालिथ मिले है।

❖ ❖

मेगालिथ दो यूनानी शब्द मेगा और लियोस का संयुक्त रूप है जिसका तात्पर्य बड़े आकार के पत्थर से है।

❖ ❖

विशालकाय प्रस्तर चट्टानों से बने शवागारों को मेगालिथ कहा जाता है।

❖ ❖

झारखण्ड में कई जिलों में मेगालिथ मिले है।

❖ ❖

विश्व का सबसे प्राचीन मेगलिथ लंदन के नजदीक स्टोनहेंज में मिला है।

❖ ❖

भारत में सबसे प्राचीन मेगालिथ कश्मीर के बुर्जहोम नामक जगह पर मिले है।

❖ ❖

झारखण्ड की कई जनजातियों में मेगालिथ की परंपरा अभी भी विधमान है।

❖ ❖

मेगालिथिक परंपरा का आधुनिक स्वरुप ससनदिरी है।

❖ ❖

हजारीबाग के इस्को गावँ में मिले शैल चित्र दो से पाँच हजार ई.पू.के है।

❖ ❖

पलामू के लिखलाही पहाड़ पर कलात्मक शैल चित्र मिले है।

❖ ❖

पुराविदों के अनुसार गुमला के कोजेंगा के जंगल में मिले शैल चित्र इस्को के शैल चित्र से उत्कृष्ट है।

❖ ❖

असुरों को ऋग्वेद में पुर निर्माता कहा गया है।

❖ ❖

झारखण्ड के खूँटी जिले में कुंजला,कठारटोली,हाँसा,कुथारटोली,सारीदकेल को सरकारने संरक्षित स्मारक घोषित कर दिया है।

❖ ❖

राँची से दक्षिण चाईबासा रोड पर कठारटोली में ताँबे की चूड़ियाँ मिली है,जिन्हें पटना संग्रहालय में रखा गया है।

❖ ❖

पलामू जिले के हुसैनाबाद प्रखंड के पंसा और सहराविरा गावँ में दो स्तूप मिले है।

❖ ❖

पंसा में मिले स्तूप की परिधि 15 मीटर और ऊँचाई 8 मीटर है।

❖ ❖

पंसा के स्तूप के ऊपर 10 X 7 X 3 और 7 X 5X 3 सेंटी मीटर के ईंटों का प्रयोग किया गया है।

❖ ❖

पंसा में लाल रंग के मृदभांड मिले है।

❖ ❖

सहारविरा गावँ के स्तूप की परिधि आठ मीटर और ऊंचाई तीन मीटर है।

❖ ❖

सहारविरा गावँ के स्तूप में पकी ईंट का प्रयोग किया गया है।

❖ ❖

सहारविरा गावँ के स्तूप के बीच में पत्थर का स्तम्भ है जिसके ऊपरी भाग में बुद्ध की आकृति उत्कीर्ण है।

❖ ❖

लोहरदगा के खखपरता गावँ में 7वीं -8वीं सदी की माँ दुर्गा और भगवान विष्णु की बलुआ पत्थर से बनी मूर्ति मिली है।

❖ ❖

लोहरदगा के खखपरता गावँ में एक चट्टान के ऊपर पूरब दिशा में प्रवेश द्वार वाला शिव मंदिर मिला है।

❖ ❖

लोहरदगा के खखपरता गावँ में मिले शिव मंदिर के उत्तर में आठ मंदिरो का समूह मिला है।

❖ ❖

बेनीसागर से मिले अवशेष दस हजार वर्ष पुराने है।

❖ ❖

उड़ीसा के क्योंझर से 12 कि.मि की दूरी पर बेनीसागर स्थित है।

❖ ❖

1665 ई. में नागवंशी शासक रघुनाथ शाह ने शिल्पकार अनिरुद्ध से राँची के बोड़ेया ग्राम के पास मदन मोहन मंदिर बनवाया था जिसमें इस्लामिक स्थापत्य का प्रभाव है।

❖ ❖

सिंहभूम जिला के महुलिया ग्राम में 14 वीं -15 वीं सदी की रेखा देवल शैली में बनी रंकिनी देवी का मंदिर मिला है।

❖ ❖

कैथा मंदिर के अवशेष रामगढ़ से तीन कि.मि दूरी पर मिले है।

❖ ❖

पिठोरिया का प्रस्तर मंदिर एशलर मेसोनरी तकनीक के द्वारा निर्मित है।

❖ ❖

गुमला जिला के मंझगावँ में पहाड़ी पर ईंटों से बनी टाँगीनाथ मंदिर के अवशेष है ,जहाँ लोहे का विशाल त्रिशूल है जिसकी तुलनाकुतबमीनार के लौह स्तम्भ से किया जाता है।

❖ ❖

नवरतनगढ़ के किले को झारखण्ड का हंपी कहा जाता है।

❖ ❖

जिनसेन ने चतरा के कौलेश्वरी पहाड़ पर तपस्या की थी।

❖ ❖

1979 ई. में भागलपुर के तत्कालीन आयुक्त अरुण पाठक ने दुमका के शिकारीपाड़ा प्रखंड में मंदिरो के गावँ मलूटी को पहली बार देखा था यहाँ 108 शिव मंदिर पहले विधमान थे।

❖ ❖

1642 ई.में निर्मित रामगढ़ राजा ,हेमंत सिंह का किला हजारीबाग के बादाम में स्थित है।

❖ ❖

पलामू के जपला में अलीनगर में मुजफ्फर खाँ का बनवाया रोहिलों का किला है।

❖ ❖

मार्ह द्रविड़ कुल की एक शाखा है।

❖ ❖

पलामू में माह लोगों ने जंगल काट कर कृषि करना प्रारम्भ किया था।

❖ ❖

माह लोगों द्वारा निर्मित मकान,गढ़ ,बस्तियों के अवशेष पलमू में विधमान है।

❖ ❖

माह लोगों का वर्णन अंग्रेजों के गजेटियरों में मार और माल नाम से किया गया है।

❖ ❖

माह लोगों का प्रवेश पलामू में दो हजार साल पहले हुआ था।

❖ ❖

औरंगा शब्द द्रविड़ कुल का माना गया है।

❖ ❖

कवि रामचरण भाट के अनुसार रकसेल वंश का प्रारम्भ सन 196 में हुआ था।

❖ ❖

रकसेल अर्कशेल का अपभ्रंश है।

❖ ❖

अर्क का अर्थ सूर्य होता है यही कारण है की रकसेलो को सूर्यवंशी राजपूत कहा जाता है।

❖ ❖

1772 ई. में डालटनगंज में कोयल नदी के तट पर चेरो राजा गोपाल राय के महल का निर्माण किय गया था।

❖ ❖

1750 ई.में देवगल के राजा नृपत राय के द्वारा विश्रामपुर को बसाया गया था।

❖ ❖

विश्रामपुर का पहले नाम सागदाग था।

❖ ❖

साहेबगंज के तेलियागढ़ी को, की ऑफ़ बंगाल और गेटवे ऑफ़ बंगाल कहा जाता है।

❖ ❖

संगरी दालान का निर्माण कसौटी पत्थर से 1580-1600 ई.में राजा मान सिंह ने करवाया था।

❖ ❖

बुकनान के द्वारा संगरी दालान का वर्णन किया गया है।

❖ ❖

1778 ई.में हंडवा इस्टेट परगना का निर्माण मिस्टर ब्राउन ने किया था।

❖ ❖

हंडवा इस्टेट का इस्तीमरारी मुकरीदार शोभा सिंह बनाया गया था।

❖ ❖

गढ़बांध किला के अवशेष रामगढ़ में दामोदर नदी के किनारे स्थित है।

❖ ❖

गढ़बांध किला का निर्माण रामगढ़ राजवंश के छठे राजा हेमंत सिंह ने करवाया था।

❖ ❖

बेनीसागर का नाम राजा किशनगढ़ के पुत्र राजा बेणु के नाम पर रखा गया था।

❖ ❖

एनजी निकोशे ने बेनीसागर से प्राप्त पत्थर पर उत्कीर्ण अभिलेख को गुप्ता -ब्राहिमणी -संस्कृति मिश्रित बताया है।

❖ ❖

बेनीसागर खुदाई में मुहर और मिट्टी से निर्मित पेराकोट प्राप्त हुए है।

❖ ❖

1840 ई.में पहली बार कर्नल टिकेल बेनीसागर आया था।

❖ ❖

1875 ई.में जे. डी. बेगलर ने बेनीसागर की रिपोर्ट प्रकाशित की थी।

❖ ❖

1956 ई. में के सी पानीगढ़ी के द्वारा बेनीसागर के अवशेष पर रिपोर्ट बनाकर जेबीआरएस में उसे प्रकाशित करवाया गया था।

❖ ❖

बेनीसागर को भारत सरकार के द्वारा 1938 -39 ई. में संरक्षित स्मारक घोषित कर दिया गया था।

❖ ❖

1870 ई.में राँची पास रातू किला का निर्माण नागवंशी राजा उदय नाथ शाहदेव ने कराया था।

❖ ❖

छोटानागपुर की गद्दी को फकीरी गद्दी के नाम से जाना जाता है।

धनबाद के बाघमारा प्रखंड में कटनी नदी पर कतरासगढ़ किला का अवशेष है।

धनबाद के बाघमारा प्रखंड में कटनी नदी पर कतरासगढ़ किला का अवशेष है।

4

वैदिक काल में झारखण्ड

वैदिक काल भारतीय इतिहास में विशिष्ट स्थान रखता है। झारखंड के इतिहास के सन्दर्भ में भी तथा झारखंड प्राचीन समय में किस स्थिति में रहा था, यहां कौन सी सभ्यता एवं संस्कृति विधमान रही थी ,इसकी महत्वपूर्ण जानकारी वैदिक काल के अध्ययन से प्राप्त होती है।झारखंड प्रदेश का ऋग्वैदिक काल में क्या स्थिति रही थी ,जब इसका अध्ययन किया जाता है तो यह जानकारी मिलती हैं कि झारखंड प्रदेश ऋग वैदिक काल में पूरी तरह से वनों से आच्छादित था तथा इसे किक्कट प्रदेश के नाम से जाना जाता था। झारखंड प्रदेश के ऐतिहासिक कालक्रम के अध्ययन से यह जानकारी मिलती है कि ऋग वैदिक काल में कुछ प्रागद्रविड़ जनजातियों का इस प्रदेश में निवास स्थान रहा था।

इतिहासकारों के अनुसार झारखंड प्रदेश में ऋग वैदिक काल में असुर,बिरजिया,खड़िया और बिरहोर जैसी जनजातियों का निवास स्थान रहा था।इस बात की जानकारी मिलती है कि ऋग्वेद में झारखंड प्रदेश के लिए कीकटानाम देशों अनार्य शब्दावली का प्रयोग किया गया है।प्राचीन समय में झारखंड प्रदेश की सामाजिक और सांस्कृतिक व्यवस्था किस प्रकार से काम करती थी के संन्दर्भ में इस बात की जानकारी प्राप्त होती है कि ऋग्वेदिक काल में झारखंड में निवास करने वाले जनजातियों के द्वारा मुख्य रूप से पशुओं को चराने और पालने का कार्य किया जाता था,क्योंकि भूमि पर खेती कर उपज पैदा करने का ज्ञान उन्हें नहीं था।

झारखंड प्रदेश में कालांतर में इन जनजातियों पर ऑस्ट्रेलॉयड जनजातियों का प्रभाव कायम हो गया था।अथर्ववेद काल में ऋग्वेदिक काल का किक्कट प्रदेश मगध, अंग,पांड्रा,कलिंग जैसे क्षेत्रों में बट गया था।झारखंड प्रदेश में निवास करने

वाले लोगों को अथर्ववेद काल में व्रात्य कह कर संबोधित किया जाता था।इस बात का उल्लेख अथर्ववेद में वर्णित व्रतति अटाति इति व्रात्य के संदर्भ में मिलता है।झारखंड प्रदेश में इस समय ऋषि मुनियों का प्रादुर्भाव होने लगा था,जिसके कारण यहां निवास करने वाले लोग हिंदू धर्म की ओर आकर्षित होने लगे थे।इसी समय व्रात्यकांड सुक्तो की रचना की गई थी।असुर मुख्य रूप से लिंगपूजक रहें ,वे भगवान शिव के उपासक रहे थे तथा उनका प्रधान आर्थिक क्रिया कलाप लोहे का प्रगलन रहा था। ऋग वैदिक काल के पश्चात जब उत्तर वैदिक काल आया तो उत्तर वैदिक काल के ग्रंथों यजुर्वेद ,सामवेद ,अथर्ववेद, ब्राह्मण ग्रंथ, आरण्यक ,उपनिषदों से झारखंड से संबंधित महत्वपूर्ण जानकारी प्राप्त होती है।

उत्तर वैदिक काल के ग्रंथों से यह जानकारी प्राप्त होती है कि उत्तर वैदिक काल में आर्य सभ्यता धीरे- धीरे पूर्व और दक्षिण की ओर जाने लगी थी।इसी आधार पर इतिहासकार मानते हैं कि वैदिक काल में आर्यों का प्रसार झारखंड में हुआ होगा।उत्तर वैदिक काल में असुरो की लोह संस्कृति विकसित अवस्था में पहुंच चुकी थी और झारखंड का यह काल लोह युग का रहा था ।झारखंड प्रदेश में उत्तर वैदिक काल में यहां प्राचीन जनजाति असुर और आर्य का निवास स्थान रहा है ,ऐसा इतिहासकारों का मानना है।उत्तर वैदिक काल में झारखंड में दो महत्वपूर्ण घटनाएं घटित हुई थी पहला, धार्मिक आंदोलन जिसके अंतर्गत बौद्ध धर्म और जैन धर्म का प्रचार और प्रसार हुआ दूसरा मुंडा एवं उरांव जनजाति का झारखंड में आगमन। ऐसा माना जाता है कि मुंडा जनजाति के द्वारा छोटानागपुर के असुर सभ्यता को नष्ट कर झारखंड में अपना प्रभुत्व कायम किया गया था। वही उरांव जाति की प्रकृति घुमक्कड़ थी ,जो विभिन्न प्रदेशों से घूमते हुए छोटानागपुर पहुंची थी।

वैदिक साहित्य में झारखंड का बहुत अधिक वर्णन प्राप्त नहीं होता है,लेकिन महाभारत के दिग्विजय-पर्व में इस क्षेत्र का पुंडरिक देश के नाम से वर्णन किया गया है। इतिहासकारों का यह विश्वास है कि महाभारत में जिस पशुभूमि का वर्णन मिलता है ,वह पशुभूमि झारखंड प्रदेश का ही भाग रहा होगा, क्योंकि यहां जंगली जानवरों का बाहुल्य रहा था। बौद्ध एवं जैन धर्म से संबंधित साहित्य में भी झारखंड प्रदेश का उल्लेख प्राप्त होता है और यही कारण है कि अमरनाथ दास ने अपनी पुस्तक इंडिया एंड जम्बू आईलैंड में गौतम बुद्ध और महावीर स्वामी का संबंध झारखंड प्रदेश से स्थापित किया है।शरतचन्द राय के द्वारा भूम प्रत्यय को झारखंड से जोड़ने का प्रयास किया गया है।उन्होंने कहा है कि भूम प्रत्यय के कारण ही झारखंड में मानभूम,सिंहभूम,धालभूम,भंजभूम,मल्लभूम का उदहारण

मिलता है।भूम प्रत्यय के संदर्भ में कृष्णराज गुप्त का विचार है कि भूम शब्द एक विशेष पहाड़ी संस्कृति का परिचायक है।कुछ इतिहासकारों का यह विचार है कि भूम शब्द भूमि शब्द का विकृत रूप है।

झारखंड मेंअसुरों के जो अवशेष प्राप्त हुए हैं उनकी तुलना मोहनजोदड़ो और हड़प्पा की सभ्यता और संस्कृति से की जा सकती है,क्योंकि इनसे यह किसी प्रकार से भी कम नहीं है।झारखंड की आदिभारत या प्रोटोइंडियन सभ्यता एवं संस्कृति किसी भी तरह से पर्शिया,इजिप्ट ,मेसोपोटामिया और सिंधु घाटी सभ्यता से कम नहीं रही थी।झारखंड प्रदेश में निवास करने वाली जनजातियां वैदिक काल में यज्ञ और होम जैसे धार्मिक कर्मकांडो से परिचित नहीं थी।

झारखंड प्रदेश के जनजातियों को हिंदू धर्म के प्रति आकर्षित करने के लिए ऋषि-मुनियों के द्वारा झारखंड प्रदेश को पुंड्र प्रदेश कहा गया है।झारखंड प्रदेश को वायु पुराण में मुरुंड,विष्णु पुराण में मुंड तथा ऐतरय ब्राह्मण में पुंड्र कहा गया है।झारखंड के वैदिक काल के संदर्भ में विभिन्न वैदिक साहित्यिक स्रोतों से झारखंड प्रदेश की जनजातियों तथा झारखंड प्रदेश का जो वर्णन प्राप्त हुआ है ,उससे इतिहासकार इस बात का अनुमान लगाते हैं कि झारखंड की अधिकांश जनजातियां वैदिक आर्य थे, जो वैदिक युग में उत्तर पश्चिम भारत में तथा उत्तर वैदिक युग में उत्तर भारत में निवास कर रहे थे के विरोधी रहे थे।चाईबासा शहर के लिए श्रीवास शहर के नाम का वर्णन अमरनाथ दास की पुस्तक अमरकोष से प्राप्त होता है।

अमरकोष में अमरनाथ दास ने श्रीवास शहर के शासक नरवाहन का उल्लेख किया है,जिसके पुत्र ललितांग की शादी चंपा की राजकुमारी के साथ संपन्न हुआ था।ऐतरेय ब्राह्मण में इस बात का उल्लेख है कि झारखंड प्रदेश में वैदिक काल में चेरो, सबर जैसी जनजातियां निवास करती थी।पहाड़िया जनजाति को ही सबर जनजाति कहा गया है। उत्तर वैदिक काल में कीकट प्रदेश में आर्यों का विस्तार हुआ तब मगध क्षेत्र के आर्य का पलायन छोटा नागपुर की ओर हुआ था।जयचंद विद्यालंकर की पुस्तक ,"बिहार एक ऐतिहासिक दिग्दर्शन" में इस बात का उल्लेख है कि आर्यों के द्वारा अपने क्षेत्र की सुरक्षा के लिए त्रिशंकु के पुत्र हरिश्चंद्र ने एक किले का निर्माण सोन नदी के किनारे करवाया था,जिसका नामकरण उन्होंने अपने पुत्र रोहिताशव के नाम पर रोहितशवगढ़ रखा था।इतिहासकार कीकट प्रदेश का तात्पर्य अनार्य देश से लगाते हैं।व्रात्य शब्द जिसका प्रयोग झारखंड प्रदेश में निवास करने वाले लोगों के लिए उत्तर वैदिक काल में हुआ था का तात्पर्य बंजारा शब्द से है।अथर्ववेद के व्रातय कांड में इस बात का उल्लेख मिलता

है कि झारखंड प्रदेश में आर्यों का प्रभाव और प्रसार हो चुका था तथा झारखंड प्रदेश के लोगों को दीक्षित करने के लिए आर्य लोग वनों में जाते थे।वर्तमान समय में वैदिक साहित्य में वर्णित असुर जो झारखंड की सबसे प्राचीन आदिम जनजाति थी तथा जिनकी आजीविका लोहा पिघलाना रहा था के द्वारा निर्मित असुरगढ़ों के अवशेष कई स्थानों में पाए गए है।

वैदिक काल में झारखंड--महत्वपूर्ण स्मरणीय तथ्य

❖ ❖

झारखंड प्रदेश ऋग वैदिक काल में पूरी तरह से वनों से आच्छादित था।

❖ ❖

वैदिक काल में झारखंड प्रदेश को किक्कट प्रदेश के नाम से जाना जाता था।

❖ ❖

झारखंड प्रदेश में ऋग वैदिक काल में कुछ प्रागद्रविड़ जनजातियों का निवास स्थान रहा था।

❖ ❖

झारखंड प्रदेश में ऋग वैदिक काल में असुर,बिरजिया,खड़िया और बिरहोर जैसी जनजातियों का निवास स्थान रहा था।

❖ ❖

ऋग्वेद में झारखंड प्रदेश के लिए कीकटनाम देशों अनार्य शब्दावली का प्रयोग किया गया है।

❖ ❖

ऋग्वेदिक काल में झारखंड में निवास करने वाले जनजातियों के द्वारा मुख्य रूप से पशुओं को चराने और पालने का कार्य किया जाता था। ,

❖ ❖

ऋग्वेदिक काल में झारखंड में निवास करने वाले जनजातियों को भूमि पर खेती कर उपज पैदा करने का ज्ञान नहीं था।

❖ ❖

झारखंड प्रदेश में कालांतर में जनजातियों पर ऑस्ट्रेलॉयड जनजातियों का प्रभाव कायम हो गया था।

❖ ❖

अथर्ववेद काल में ऋग्वैदिक काल का किक्कट प्रदेश मगध,अंग,पांड्रा,कलिंग जैसे क्षेत्रों में बाटा गया था।

❖❖

झारखंड प्रदेश में निवास करने वाले लोगों को अथर्ववेद कॉल में व्रात्य कह कर संबोधित किया जाता था।

❖❖

अथर्ववेद में व्रतति अटाति इति व्रात्य कहा गया है।

❖❖

झारखंड प्रदेश में वैदिक काल में ऋषि मुनियों का प्रादुर्भाव होने लगा था।

❖❖

वैदिक काल में व्रात्यकांड सुक्तो की रचना की गई थी।

❖❖

असुर मुख्य रूप से लिंगपूजक रहें थे।

❖❖

असुर भगवान शिव के उपासक रहे थे।

❖❖

असुर का प्रधान आर्थिक क्रिया कलाप लोहे का प्रगलन रहा था।

❖❖

उत्तर वैदिक काल के ग्रंथों यजुर्वेद ,सामवेद ,अथर्ववेद, ब्राह्मण ग्रंथ आरण्यक ,उपनिषदों से झारखंड से संबंधित महत्वपूर्ण जानकारी प्राप्त होती है।

❖❖

उत्तर वैदिक काल में आर्य सभ्यता धीरे-धीरे पूर्व और दक्षिण की ओर जाने लगी थी।

❖❖

वैदिक काल में आर्यों का प्रसार झारखंड में हुआ था।

❖❖

उत्तर वैदिक काल में असुरो कि लोह संस्कृति विकसित अवस्था में पहुंच चुकी थी।

❖❖

झारखंड का उत्तर वैदिक काल लोह युग का रहा था।

❖❖

झारखंड प्रदेश में उत्तर वैदिक काल,प्राचीन जनजाति असुर और आर्य का निवास स्थान रहा है।

❖❖

उत्तर वैदिक काल में झारखंड में धार्मिक आंदोलन हुआ था।

❖❖

उत्तर वैदिक काल में झारखंड में धार्मिक आंदोलन के अंतर्गत बौद्ध धर्म और जैन धर्म का प्रचार और प्रसार हुआ था।

❖❖

उत्तर वैदिक काल में झारखंड में मुंडा एवं उरांव जनजाति का आगमन हुआ था।

❖❖

मुंडा जनजाति के द्वारा छोटानागपुर के असुर सभ्यता को नष्ट कर झारखंड में अपना प्रभुत्व कायम किया गया था।

❖❖

उरांव जाति की प्रकृति घुमक्कड़ थी।

❖❖

महाभारत के दिग्विजय-पर्व में झारखंड क्षेत्र का पुंडरिक देश के नाम से वर्णन किया गया है।

❖❖

महाभारत में जिस पशुभूमि का वर्णन मिलता है ,वह पशुभूमि झारखंड प्रदेश ही रहा होगा।

❖❖

अमरनाथ दास की पुस्तक '''इंडिया एंड जम्बू आईलैंड' में गौतम बुद्ध और महावीर स्वामी का संबंध झारखंड प्रदेश से स्थापित किया गया है।

❖❖

शरतचन्द राय के द्वारा भूम प्रत्यय को झारखंड से जोड़ने का प्रयास किया गया है।

❖❖

भूम   प्रत्यय   के   कारण   झारखंड   में मानभूम,सिंहभूम,धालभूम,भंजभूम,मल्लभूम का उदहारण मिलता है।

❖❖

भूम प्रत्यय के संदर्भ में कृष्णराज गुप्त का विचार है कि भूम शब्द एक विशेष पहाड़ी संस्कृति का परिचायक है।

❖❖

इतिहासकारों का यह विचार है कि भूम शब्द भूमि शब्द का विकृत रूप है।

❖❖

झारखंड की आदिभारत या प्रोटोइंडियन सभ्यता एवं संस्कृति किसी भी तरह से पर्शिया,इजिप्ट ,मेसोपोटामिया और सिंधु घाटी सभ्यता से कम नहीं है।

❧ ❧

झारखंड की जनजातियां वैदिक काल में यज्ञ और होम जैसे धार्मिक कर्मकांडो से परिचित नहीं थे ।

❧ ❧

ऋषि-मुनियों के द्वारा झारखंड प्रदेश को पुंड्र प्रदेश कहा गया है।

❧ ❧

झारखंड प्रदेश को वायु पुराण में मुरुंड कहा गया है।

❧ ❧

झारखंड प्रदेश को विष्णु पुराण में मुंड कहा गया है।

❧ ❧

झारखंड प्रदेश को ऐतरय ब्राह्मण में पुंड्र कहा गया है।

❧ ❧

झारखंड की अधिकांश जनजातियां वैदिक आर्य लोग के विरोधी रहे थे।

❧ ❧

चाईबासा शहर के लिए श्रीवास शहर के नाम का वर्णन हमें अमरनाथ दास की पुस्तक अमरकोष से प्राप्त होता है।

❧ ❧

अमरकोष में अमरनाथ दास ने श्रीवास शहर के शासक नरवाहन का उल्लेख किया है।

❧ ❧

नरवाहन के पुत्र ललितांग की शादी चंपा की राजकुमारी के साथ संपन्न हुआ था।

❧ ❧

ऐतरेय ब्राह्मण में उल्लेख है कि झारखंड प्रदेश में वैदिक काल में चेरो, सबर जैसी जनजातियां निवास करती थी।

❧ ❧

उत्तर वैदिक काल में कीकट प्रदेश में आर्यों का विस्तार हुआ ,तब मगध क्षेत्र के आर्य का पलायन छोटा नागपुर की ओर हुआ था।

❧ ❧

जयचंद विद्यालंकर की पुस्तक ,''बिहार एक ऐतिहासिक दिग्दर्शन'' में उल्लेख है कि त्रिशंकु के पुत्र हरिश्चंद्र ने एक किले का निर्माण सोन नदी के किनारे करवाया था।

❖ ❖

हरिश्चंद्र ने किले का नामकरण अपने पुत्र रोहिताशव के नाम पर रोहितशवगढ़ रखा था।

❖ ❖

इतिहासकार कीकट प्रदेश का तात्पर्य अनार्य देश से लगाते हैं।

❖ ❖

व्रात्य शब्द का तात्पर्य बंजारा शब्द से है।

❖ ❖

अथर्ववेद के व्रातय कांड में इस बात का उल्लेख मिलता है कि झारखंड प्रदेश के लोगों को दीक्षित करने के लिए आर्य लोग वनों में जाते थे।

❖ ❖

असुर झारखंड की सबसे प्राचीन आदिम जनजाति थी तथा जिनकी आजीविका लोहा पिघलाना रहा था।

5

धातु युग में झारखण्ड

विश्व इतिहास और भारत के इतिहास में धातु युग के विकास का इतिहास मिलता है।झारखंड का धातु युग भी झारखंड के इतिहास में महत्वपूर्ण स्थान रखता है।झारखंड के इतिहास में धातु युग से ताम्र, कांस्य और लोह युग के सन्दर्भ में जानकारी मिलती है।झारखण्ड के धातु युग से इस बात की जानकारी मिलती है कि झारखंड न सिर्फ भारत में बल्कि विश्व में भी धातु के प्रयोग में प्राचीन समय में महत्वपूर्ण स्थान रखता था।

ताम्र युग

झारखंड प्रदेश में धातु का प्रयोग नवपाषाण काल के अंतिम चरण में शुरू हो गया था।भारतवर्ष के विभिन्न क्षेत्रों की ही तरह झारखंड प्रदेश में भी ताम्र पाषाणिक संस्कृति के साक्ष्य विधमान रहे हैं। झारखंड में ताम्र पाषाणिक संस्कृति की तीन विशेषताएं दिखाई देती है। पहला,झारखंड में ताम्र पाषाणिक संस्कृति का केंद्र सिंहभूम और मानभूम रहे थे,दूसरा झारखंड में ताम्र पाषाणिक संस्कृति के काल की बस्तियों के अवशेष नहीं मिले हैं,झारखंड में ताम्र युग की तीसरी विशेषता यह रही है कि ताम्र युगीन संस्कृति का विकास झारखंड में ग्रामीण और शहरी क्षेत्रों में रहने वाले जनजातीय बहुल क्षेत्र में ही हुआ था।अगर वैश्विक स्तर पर तांबे के प्रयोग की बात करते हैं ,तब इस बात की जानकारी प्राप्त होती है कि तांबे का आविष्कार मेसोपोटामिया में सबसे पहले 5000 से 4000 वर्ष पूर्व हुआ था ।तांबे का प्रयोग झारखंड में लगभग 4000 वर्ष पूर्व होने के साक्ष्य उपलब्ध है।

झारखंड में रहने वाले जनजातियों के द्वारा सर्वप्रथम तांबे का प्रयोग किया गया और कालांतर में कांस्य और लोहे का भी प्रयोग किया जाने लगा।झारखंड में निवास कर रही जनजातियां जिनमें असुर, बिरजिया जैसी जनजातियां थी

उनके द्वारा ताम्र खानों से तांबा निकालकर तथा उसे गला कर विभिन्न प्रकार के उपकरण बनाए जाते थे।इस समय यहां के निवासी लोगों के द्वारा ईंटों तथा पक्की मिट्टी के बर्तन का प्रयोग किया जाता था या नहीं यह प्रमाणित नहीं है।जहां तक ईंटों का प्रयोग जो असुरगढ़ में किया गया है का प्रशन है तो वह लोह युग का समय रहा है।झारखंड की जनजातियों के द्वारा औजार और हथियार बनाने के लिए प्राचीन समय में पत्थर एवं हड्डियों का प्रयोग किया जाता था,लेकिन ताम्र युग के परिणाम स्वरूप ताम्र शीर्ष के तीर, कुल्हाड़ी ,चाकू बेघनी इत्यादि का निर्माण किया जाने लगा।

झारखंड में सिंहभूम क्षेत्र ताम्र पाषाण संस्कृति का मुख्य केंद्र रहा था जो वर्तमान समय में भी झारखंड में ताम्र उत्पादन का केंद्र बना हुआ है।झारखंड में पुरापाषाण काल में यहां के निवासियों के पास सिर्फ पत्थर के औजार और हथियार थे जो मध्य पाषाण काल और नवपाषाण काल में परिवर्तित हो गए और औजार और हथियारों में लकड़ी के हत्थे का प्रयोग किया जाने लगा। हथियारों में तीरों के शीर्ष पर ताम्र का प्रयोग ताम्र पाषाण में संस्कृति का एक महत्वपूर्ण परिचय है।

इतिहासकारों का यह मानना है कि झारखंड में जनजातियों द्वारा धनुष बाण का प्रयोग हथियार के रूप में और शिकार के लिए इसी समय से किया जाने लगा था।झारखंड के दरगामा में 1915 ई. में तांबे के पांच सेल्ट मिले हैं।झारखंड में तांबे की कुलहाड़िया बड़ी संख्या में मिली है,जो इस बात का प्रमाण है कि झारखंड में ताम्र पाषाण कालीन संस्कृति की उपस्थिति रही थी।अगर ताम्र खानों की बात की जाए तो झारखंड के हजारीबाग जिले के बारहगंडा स्थान से 49 तांबे के खानों के अवशेष प्राप्त हुए हैं।इसके अतिरिक्त घाटशिला चाईबासा तथा मानभूम में भी ताम्र अवशेष मिले हैं।

ताम्र खानों के संदर्भ में एक प्रतिवेदन में उल्लेखित है कि झरिया,बेदिया,चदकीडीह,गोहला,राजदह,बदरागोड़ा,अवटकटिया में ताम्र की खानों के अवशेष मिले हैं।झारखंड प्रदेश में तांबे के उत्पादन में मुख्य रूप से असुर जनजाति लगी हुई थी,लेकिन उनके साथ पहाड़िया और बिरहोर लोग भी ताम्र के उत्खनन कार्य को कर रहे थे।झारखंड में बड़े पैमाने पर औजारों का निर्माण तांबे से किया जा रहा था तथा विभिन्न क्षेत्रों को इसका निर्यात भी किया जाता था।राजदोहा में तांबे की खदानें प्राप्त हुई है उनकी गुणवत्ता उच्च श्रेणी की नहीं थी।प्रारंभ में तांबे के साथ पाषाण का भी प्रयोग किया जाता रहा था और यही कारण है कि इस काल को ताम्र पाषाण काल कह कर संबोधित किया गया है।

झारखंड में ताम्र युग में ही प्रथम बार ताम्र से निर्मित उपकरणों का प्रयोग प्रारंभ हुआ ।ताम्र युग में मुख्य रुप से असुर,बिरजिया,बिरहोर जनजाति के लोगों के द्वारा तांबे के खाने से अयस्क को निकाल कर तथा उसे गला कर विभिन्न प्रकार के उपकरणों का निर्माण का कार्य प्रारंभ किया गया था,जिससे स्थानीय स्तर पर निवासियों के औजार,हथियार,उपकरण कि पूर्ति तो की ही गई साथ ही साथ इन उपकरणों का अन्य प्रदेशों में निर्यात भी प्रारम्भ हुआ।

कांस्य युग

झारखंड में कांस्य युग के अंतर्गत तांबे में रांगा मिलाकर कांसा का निर्माण किया जाने लगा तथा इसका प्रयोग उपकरणों के बनाने में होने लगा। झारखंड की प्राचीनतम जनजाति असुर तथा बिरजिया जनजाति को झारखंड में कांस्य युगीन औजारों और उपकरणों का प्रारंभकर्ता होने का श्रेय प्राप्त है।लोहरदगा में प्रागैतिहासिक कालीन कांसे का प्याला प्राप्त हुआ है।मुरद में कांसे की अंगूठी प्राप्त हुई है।झारखंड के संदर्भ में इतिहासकारों का मत है कि झारखंड में ताम्र कांस्य युग 3000 से 2000 ई पूर्व की रही होगी तथा झारखंड के छोटानागपुर में ताम्रकांस्य युग काफी दीर्घ काल तक रही होगी।डबल्यू. जोन्स और जे. सी.हॉगटन को ताम्र कांस्य संस्कृति की प्रथम जानकारी उपलब्ध कराने का श्रेय प्राप्त है।

लौह युग

असुर जनजाति के द्वारा संभवतः1500 ई.पू. से ही लोहे का प्रयोग किया जा रहा था।झारखंड में सबसे पुराने अधिवासका साक्ष्य असुरगढ़ के अवशेष है जो लोह काल से संबंध रखते हैं।वैश्विक परिदृश्य में सर्वप्रथम लोहे की खोज 1400 ई.पू. में एशिया माइनर में हुई थी।कुछ इतिहासकारों का मत है कि झारखंड का भी यही लौह युग रहा है।इनका मत है कि 1200 से 500 ई.पू. के बीच असुर एवं बिरजिया जनजाती के मध्य लोह तकनीक विकसित अवस्था में थी तथा दमिश्क की तलवारे यहां के लोहे से बनाई जाती थी।दमिश्क की तलवार को सुलेमानी तलवार भी कहा जाता था। इस लोहे की विशेषता यह थी कि इसमें जंग नहीं लगता थी ।झारखंड के असुर तथा बिरजिया जनजाति को ही लौह युग में औजारों के निर्माण का प्रारंभकर्ता होने का श्रेय प्राप्त है।इन जनजातियों के द्वारा उत्कृष्ट लोह तकनीक का विकास किया गया था।साथ ही इस युग में झारखंड का संपर्क सुदूर स्थित विदेशी राज्यों से कायम हो गया था। झारखंड में निर्मित लोहे को इस युग में मेसोपोटामिया तक भेजा जाता था।नामकुम रांची से लोहे के औजार प्राप्त हुए हैं।

झारखंड की जनजाति पहाड़िया,बिरहोर को भी लोह युग में महत्वपूर्ण स्थान प्राप्त था।कुछ इतिहासकारों ने प्रमाणों के आधार पर लोह युग की तिथि1000ई.पू.निर्धारित की है।लोहे के प्रयोग को मगध साम्राज्य के उदय और उत्कर्ष की पृष्ठभूमि में महत्वपूर्ण स्थान प्राप्त है और लोहे की खोज से ही मगध साम्राज्य उस समय सबसे शक्तिशाली राज्य के रूप में उभर कर सामने आया था।इतिहासकार बी.विरोत्तम ने झारखंड में मुंडाओं के आगमन को लोह युग संस्कृति के विकसित होने से संबंधित बताया है।उन्होंने मुंडाओं के आगमन के लिए 1500 ई.पू.की तिथि को स्वीकार किया है और इसी आधार पर यह माना है कि मुंडाओं के आगमन के बाद यहां लोह युग संस्कृति का विकास हुआ होगा।

पुरातात्विक स्रोतों के आधार पर इतिहासकारों का यह भी मत है कि झारखंड क्षेत्र में मुंडाओं के आगमन के पूर्व असुरों एवं अन्य जनजातियों के द्वारा लोहे का प्रयोग ईसा के 2500 वर्ष पूर्व ऋग वैदिक काल में भी किया जाता रहा था।पुरातात्विक स्रोत

और उत्खनन के आधार पर कुछ इतिहासकारो का यह विश्वास है कि झारखंड में लोह युग संस्कृति न सिर्फ भारत में बल्कि विश्व में प्रथम रही है,तथा यहां की जनजातियों के द्वारा सर्वप्रथम लोहे का उपयोग किया गया है।वर्तमान समय में लोहार तथा लोहरा के पूर्वज के रूप में असुर को ही माना गया है।झारखंड क्षेत्र में असुर जनजाति के द्वारा बड़े पैमाने पर लोहे को गला कर औजार और उपकरण के निर्माण का काम किया जाता रहा था।झारखंड क्षेत्र में असुर अधिवास की कई बस्तियां मिली है,जहां से लोहे के अवशेष प्राप्त हुए हैं।लोहे के अनेक साक्ष्य असुरों द्वारा निर्मित असुरगढ़ में पाए गए हैं।असुरों के द्वारा औजार हथियार बनाने की लिए लोहे को आग में गलाया जाता था।इन औजारों की मांग सबसे अधिक मगध सम्राज्य में रही थी झारखंड से मेसोपोटामिया तक लोहे का निर्यात मगध सम्राज्य से बंगाल की खाड़ी के द्वारा कियाजाता था।

अधिकांश इतिहासकार उत्खनन एवं पुरातात्विक स्रोतों के आधार पर यह मानते हैं कि झारखंड के लोग लोहे के उपयोग से लगभग 2500 ई.पू.परिचित हो चुके थे। झारखंड के हजारीबाग से रांगे का आयात सिंधु घाटी के लोगों के द्वारा किया जाता था।

धातु युग में झारखंड ---महत्वपूर्ण स्मरणीय तथ्य

❖ ❖

झारखंड प्रदेश में धातु का प्रयोग नवपाषाण काल के अंतिम चरण में शुरू हो गया था।

❖ ❖

झारखंड में ताम्र पाषाणिक संस्कृति का केंद्र सिंहभूम और मानभूम रहे थे।

❖ ❖

झारखंड में ताम्र पाषाणिक संस्कृति के काल की बस्तियों के अवशेष नहीं मिले हैं।

❖ ❖

झारखंड में ताम्र युगीन संस्कृति का विकास झारखंड में जनजातीय बहुल क्षेत्र में ही हुआ था।

❖ ❖

तांबे का आविष्कार मेसोपोटामिया में सबसे पहले 5000 से 4000 वर्ष पूर्व हुआ था।

❖ ❖

तांबे का प्रयोग झारखंड में लगभग 4000 वर्ष पूर्व होने के साक्ष्य उपलब्ध है।

❖ ❖

झारखंड में रहने वाले जनजातियों के द्वारा सर्वप्रथम तांबे का प्रयोग किया गया था।

❖ ❖

झारखंड में असुर, बिरजिया जैसी जनजातियां ताम्र खानों से तांबा निकालकर तथा उसे गला कर विभिन्न प्रकार के उपकरण बनाते थे।

❖ ❖

झारखंड की जनजातियों के द्वारा औजार और हथियार बनाने के लिए प्राचीन समय में पत्थर एवं हड्डियों का प्रयोग किया जाता था। ❖ ❖

ताम्र युग में झारखंड में ताम्र शीर्ष के तीर,कुल्हाड़ी,चाकू,बेघनी इत्यादि का निर्माण किया जाने लगा।

❖ ❖

झारखंड में सिंहभूम क्षेत्र ताम्र पाषाण संस्कृति का मुख्य केंद्र रहा था।

❖ ❖

झारखंड में पुरापाषाण काल में यहां के निवासियों के पास सिर्फ पत्थर के औजार और हथियार थे।

❖ ❖

मध्य पाषाण काल और नवपाषाण काल में औजार और हथियारों में लकड़ी के हत्थे का प्रयोग किया जाने लगा।

❖ ❖

हथियारों में तीरों के शीर्ष पर ताम्र का प्रयोग ताम्र पाषाण में संस्कृति का एक महत्वपूर्ण परिचय है।

❖ ❖

झारखंड में जनजातियों द्वारा धनुष बाण का प्रयोग हथियार के रूप में और शिकार के लिए ताम्र युग में किया जाने लगा था।

❖ ❖

झारखंड के दरगामा में 1915 ई, में तांबे के पांच सेल्ट मिले हैं।

❖ ❖

झारखंड के हजारीबाग जिले के बारहगंडा स्थान से 49 तांबे के खानों के अवशेष प्राप्त हुए हैं।

❖ ❖

घाटशिला,चाईबासा तथा मानभूम में ताम्र अवशेष मिले हैं।

❖ ❖

झरिया,बेदिया,चदकीडीह,गोहला,राजदह,बदरागोड़ा,अवटकटिया में ताम्र की खानों के अवशेष मिले हैं।

❖ ❖

झारखंड प्रदेश में तांबे के उत्पादन में मुख्य रूप से असुर जनजाति लगी हुई थी।

❖ ❖

पहाड़िया और बिरहोर लोग भी ताम्र के उत्खनन कार्य को कर रहे थे।

❖ ❖

ताम्र युग में अन्य राज्यों को तांबे के औजारों और हथियारों का निर्यात भी किया जाता था।

❖ ❖

राजदोहा में तांबे की खदानें प्राप्त हुई है उनकी गुणवत्ता उच्च श्रेणी की नहीं थी।

❖ ❖

प्रारंभ में तांबे के साथ पाषाण का भी प्रयोग किया जाता था और इसी कारण इस काल को ताम्र पाषाण काल कहा गया है।

❖ ❖

ताम्र युग में मुख्य रुप से असुर, बिरजिया, बिरहोर जनजाति ने तांबे के उपकरणों का निर्माण करना प्रारंभ किया था।

❖❖

झारखंड की असुर तथा बिरजिया जनजाति को कांस्य युगीन औजारों और उपकरणों का प्रारंभकर्ता होने का श्रेय प्राप्त है।

❖❖

लोहरदगा में प्रागैतिहासिक कालीन कांसे का प्याला प्राप्त हुआ है।

❖❖

मुरद में कांसे की अंगूठी प्राप्त हुई है।

❖❖

झारखंड में ताम्र कांस्य युग 3000 से 2000 ई.पू. की रही होगी।

❖❖

झारखंड के छोटानागपुर में ताम्रकांस्य युग काफी दीर्घ काल तक रहा था।

❖❖

डबल्यू.जोन्स और जे.सी.हॉगटन को ताम्र कांस्य संस्कृति की प्रथम जानकारी उपलब्ध कराने का श्रेय प्राप्त है।

❖❖

असुर जनजाति के द्वारा संभवतः1500 ई.पू.से ही लोहे का प्रयोग किया जा रहा था।

❖❖

झारखंड में सबसे पुराने अधिवास का साक्ष्य असुरगढ़ के अवशेष है ,जो लोह काल से संबंध रखते हैं।

❖❖

वैश्विक परिदृश्य में सर्वप्रथम लोहे की खोज 1400 ई.पू. में एशिया माइनर में हुई थी।

❖❖

सम्भवतः1400 ई.पू. झारखंड का लोह युग रहा था।

❖❖

झारखंड के बिरजिया जनजाती के मध्य लोह तकनीक विकसित अवस्था में थी।

❖❖

दमिश्क की तलवारे झारखंड के लोहे से बनाई जाती थी।

❖❖

दमिश्क की तलवार को सुलेमानी तलवार भी कहा जाता था।

❖❖

झारखंड के लोहे की विशेषता यह थी कि इसमें जंग नहीं लगता था।

❖❖

झारखंड के असुर तथा बिरजिया जनजाति को लौह युग में औजारों के निर्माण का प्रारंभकर्ता होने का श्रेय प्राप्त है।

❖❖

झारखंड में निर्मित लोहे को लोह युग में मेसोपोटामिया तक भेजा जाता था।

❖❖

नामकुम,रांची से लोहे के औजार प्राप्त हुए हैं।

❖❖

कुछ इतिहासकारों ने प्रमाणों के आधार पर लोह युग की तिथि 1000 ई.पू. निर्धारित की है।

❖❖

लोहे के प्रयोग को मगध साम्राज्य के उदय और उत्कर्ष की पृष्ठभूमि में महत्वपूर्ण स्थान प्राप्त है।

❖❖

इतिहासकार बी.विरोतम ने झारखंड में मुंडाओं के आगमन के लिए 1500 वर्ष पूर्व की तिथि को स्वीकार किया है।

❖❖

असुरों एवं अन्य जनजातियों के द्वारा लोहे का प्रयोग ईसा के 2500 वर्ष पूर्व ऋग वैदिक काल में भी किया जाता रहा था।

❖❖

कुछ इतिहासकारो का यह मत है कि झारखंड में लौह युग संस्कृति न सिर्फ भारत में बल्कि विश्व में प्रथम रही है।

❖❖

कुछ इतिहासकारो का यह मत है कि झारखंड की जनजातियों के द्वारा सर्वप्रथम लोहे का उपयोग किया गया है।

❖❖

वर्तमान समय में लोहार तथा लोहरा के पूर्वज के रूप में असुर को ही माना गया है।

❖❖

झारखंड क्षेत्र में असुर जनजाति के द्वारा बड़े पैमाने पर लोहे के औजार और उपकरण के निर्माण का काम किया जाता रहा था।

❖❖

झारखंड क्षेत्र में असुर अधिवास की कई बस्तियां मिली है,जहां से लोहे के अवशेष प्राप्त हुए हैं।

❖❖

लोहे के अनेक साक्ष्य असुरों द्वारा निर्मित असुरगढ़ में पाए गए हैं।

❖❖

असुरों के द्वारा औजार हथियार बनाने की लिए लोहे को आग में गलाया जाता था।

❖❖

झारखंड में निर्मित औजारों और हथियारों की मांग सबसे अधिक मगध सम्राज्य में रही थी।

❖❖

झारखंड से मेसोपोटामिया तक लोहे का निर्यात मगध सम्राज्य से बंगाल की खाड़ी के द्वारा किया जाता था।

❖❖

कुछ इतिहासकारो का यह मत है कि झारखंड के लोग लोहे के उपयोग से लगभग 2500 ई.पू परिचित हो चुके थे।

❖❖

झारखंड के हजारीबाग से रांगे का आयात सिंधु घाटी केलोगों के द्वारा किया जाता था।

❖❖

नामकुम,राँची में तांबे और लोहे के औजार के साथ बाण के फलक मिले है।

❖❖

सिंहभूम के बोनगरा में पत्थर के मनके,कुल्हाड़ी और हस्त निर्मित मृदभाण्ड मिले है।

❖❖

हजारीबाग जिले में पाषाणकालीन पत्थर के औजार मिले है।

❖❖

पाण्डु में चार पाये वाली पत्थर की चौकी प्राप्त हुई है जो पटना संग्रहालय में रखी गई है।

❖❖

पाण्डु में तांबे के औजार और मिट्टी के कलश तथा दीवार मिले है।

❖❖

हजारीबाग के लुपगड़ी में ताँबे के आभूषण,पत्थर के मनके कब्रगाह के भीतर से मिले है।

❖❖

झारखण्ड की जनजातियों द्वारा माप-तौल के लिए पइला का प्रयोग किया जाता है।

❖❖

प्राचीन समय में पइला का निर्माण लोहे को गलाकर किया जाता था।

❖❖

झारखण्ड के दामोदर घाटी को स्टोरहाउस ऑफ मिनरल्स कहा जाता है।

❖❖

1915 ई. में दरगामा गावँ में एक व्यक्ति को ताम्बा के 5 सेल्ट मिले थे।

❖❖

एस.सी.राय को दरगामा गावँ में लोहा और ताम्बा की एक-एक आरी मिली थी।

❖❖

ताम्र युग के ताम्र निर्मित कुल्हाड़े बसिया से मिले है।

❖❖

ताम्र पाषाण काल को कैल्कोलिथिक काल भी कहा जाता है।

ग्रंथ सूची

1.झारखंड का इतिहास ,एम ० पी ० त्यागी एवं आर० के० रस्तोगी,द्वितीय संस्करण ,संजीव प्रकाशन ,मेरठ,2021

2.झारखंड ,हेमंत,निगम प्रकाशन ,नई दिल्ली ,जनवरी 2001

3.झारखंड का इतिहास,डॉ०ए०के ०चतुर्वेदी एवं रिंकी अग्रवाल,एस .बी .पी .डी पब्लिकेशन ,आगरा,2023

4.आदिवासी अस्तित्व और झारखंडी अस्मिता के सवाल,डॉ० रामदयाल मुंडा , प्रकाशन संस्थान ,नई दिल्ली,प्रथम संस्करण 2002

5.झारखंड एक विस्तृत अध्ययन ,श्याम कुमार, सफल प्रकाशन, रांची,ग्यारहवीं संशोधित संस्करण ,2004

6.झारखंड, इतिहास एवं संस्कृति,डॉ०वी० वीरोत्तम,बिहार हिंदी ग्रंथ अकादमी, पटना,फरवरी 2016

7.झारखंड आंदोलन का दस्तावेज -शोषण,संघर्ष और शहादत ,अनुज कुमार सिन्हा,प्रभात पेपरबैक्स, संस्करण 2022

8.झारखंड का इतिहास,प्रो० डॉ० शक्ति पद शर्मा,आयुष्मान पब्लिकेशन हाउस नई दिल्ली,संस्करण -2018

9.झारखंड के आदिवासियों का संक्षिप्त इतिहास ,विनोद कुमार,अनुज्ञा बुक्स, दिल्ली,संस्करण 2019

10.झारखंड का भूगोल,राम कुमार तिवारी,राजेश पब्लिकेशन्स, नई दिल्ली,संस्करण -2001

11.झारखंड समग्र,डॉ० वीरेन्द्र एवं प्रोफेसर& डॉ० विमल किशोर मिश्र, ,प्रभात पेपरबैक्स,संस्करण -2020

12.झारखंड के सदान ,वी ० पी० केशरी,झारखण्ड झरोखा प्रकाशन,2022

13 .छोटानागपुर का इतिहास : कुछ सूत्र ,कुछ सन्दर्भ ,वी ० पी० केशरी,झारखण्ड झरोखा प्रकाशन,2022

14 .झारखंड लैंड मैनुअल ,रश्मि कात्यायन ,क्राउन पब्लिकेशन ,राँची ,2021

15 .बिहार के आदिवासी ,जियाउद्दीन अहमद,मोतीलाल बनारसीदास पब्लिकेशन ,1978

16. छोटानागपुर सर्वे ,एफ ० आइवर्न ,इंडियन सोशल इंस्टिट्यूट ,1989

17. झारखंड एक सम्पूर्ण परिचय ,मो० शाहनवाज एवं अनुज कुमार श्रीवास्तव, शिवांगन पब्लिकेशन,जनवरी 2003